ADOLPHE JOANNE

GÉOGRAPHIE

DE

LA LOZÈRE

14 gravures et une carte

HACHETTE ET Cie

GÉOGRAPHIE

DU DÉPARTEMENT

DE

LA LOZÈRE

AVEC UNE CARTE COLORIÉE ET 14 GRAVURES

PAR

ADOLPHE JOANNE

AUTEUR DU DICTIONNAIRE GÉOGRAPHIQUE ET DE L'ITINÉRAIRE
GÉNÉRAL DE LA FRANCE

PARIS
LIBRAIRIE HACHETTE ET Cie
79, BOULEVARD SAINT-GERMAIN, 79

1881

Droits de traduction et de reproduction réservés.

TABLE DES MATIÈRES

DÉPARTEMENT DE LA LOZÈRE

I	1	Nom, formation, situation, limites, superficie.	3
II	2	Physionomie générale.	5
III	3	Cours d'eau.	15
IV	4	Climat.	29
V	5	Curiosités naturelles.	30
VI	6	Histoire.	31
VII	7	Personnages célèbres.	44
VIII	8	Population, langues, cultes, instruction publique	46
IX	9	Divisions administratives	47
X	10	Agriculture.	50
XI	11	Industrie.	51
XII	12	Commerce, chemins de fer, routes.	52
XIII	13	Dictionnaire des communes.	54

LISTE DES GRAVURES

1	Ermitage de Saint-Privat, à Mende.	13
2	Source du Pêcher, à Florac.	23
3	Mende.	25
4	Marvejols.	27
5	Tombeau de Lanuejols.	33
6	Le gouverneur déposant les clefs de Châteauneuf-de-Randon sur le cercueil de Du Guesclin	39
7	Viaduc de l'Altier.	53
8	Église de Bedouès.	55
9	Ispagnac.	57
10	Saint-Julien-d'Arpaon.	59
11	Église de Lanuejols.	61
12	Porte fortifiée à Marvejols	62
13	Cathédrale de Mende.	63
14	Rochers de Sainte-Madeleine, près de Planchamp.	65

3057. — Imprimerie A. Lahure, 9, rue de Fleurus, à Paris.

DÉPARTEMENT
DE LA LOZÈRE

I. — Nom, formation, situation, limites, superficie.

Le département de la Lozère doit son *nom* à sa plus haute chaîne de montagnes, qui, courant de l'est à l'ouest, entre la vallée supérieure du Lot et celle du Tarn, s'élève à l'est-sud-est de Mende.

Il a été *formé*, en 1790, de la plus grande partie du Gévaudan (moins Saugues et le territoire de ce canton réuni à la Haute-Loire) et de quelques paroisses des anciens diocèses d'Uzès et d'Alais (Meyrueis et Villefort), qui avaient autrefois appartenu au diocèse de Mende. Le Gévaudan royal et le comté de Gévaudan faisaient partie du pays des Cévennes, compris dans la généralité de Montpellier, une des divisions administratives du gouvernement de **Languedoc.**

Situé dans la région sud-est de la France, à l'extrémité méridionale du Plateau Central, il est séparé de la Méditerranée par les départements du Gard et de l'Hérault ; de l'Océan, par ceux de l'Aveyron, du Lot, de Lot-et-Garonne et de la Gironde. Quatre départements, — Cantal, Haute-Loire, Puy-de-Dôme et Allier, — le séparent du Cher, qui occupe à peu près le centre de la France. Son chef-lieu, Mende, est à 655 kilomètres au sud-est de Paris par le chemin de fer et la route de voitures, mais la distance à vol d'oiseau n'est que de 485 kilomètres, à travers six départements : Haute-Loire, Puy-de-Dôme, Allier, Nièvre, Loiret, Seine-et-Oise.

Le département, compris entre 44° 6′ 29″ et 44° 58′ 16″ de latitude nord et entre 0° 38′ 40″ et 1° 39′ 48″ de longitude est, est *borné* : au nord, par les départements de la Haute-Loire et du Cantal ; à l'est, par l'Ardèche et le Gard ; au sud, par le Gard et l'Aveyron ; à l'ouest, par l'Aveyron et le Cantal. Ses limites sont en partie naturelles, en partie conventionnelles. Au nord, elles sont formées par une ligne dont la direction générale est est-ouest ; cette ligne, partant de la vallée de l'Allier, croise le vallon d'Ance, monte sur la crête de la chaîne de la Margeride jusqu'au mont Chauvet, descend vers le ruisseau de Diége, qu'elle remonte au sud, s'infléchit au sud-ouest et à l'ouest, traverse la vallée de la Truyère pour la remonter au sud, courir sur des plateaux de pâturages et suivre le vallon de Peyrebesse jusqu'au confluent du Bès. Cette rivière forme une partie de la limite occidentale du département, limite qui, plus au sud, monte vers les Truques d'Aubrac, s'infléchit à l'est-sud-est, traverse la vallée du Lot, puis monte sur le causse de Sauveterre qui, à l'ouest, prend le nom de causse de Sévérac. De là, elle gagne la vallée du Tarn, qu'elle descend jusqu'à l'embouchure de la Jonte.

La limite méridionale de la Lozère, partant de ce confluent pour se diriger vers l'est, remonte la rive gauche de la Jonte, entre les escarpements du causse Méjean, au nord, et ceux du causse Noir, au sud. Montant ensuite sur ce dernier causse par une ligne conventionnelle, elle le quitte au sud-est de Meyrueis, s'élève au sud-est, vers la crête du massif de l'Aigoual ; passe au signal de l'Hort-Dieu, contourne la crête du bassin du Tarnon, passe sur le signal du Tarnon et se dirige vers l'est pour aller rejoindre l'arête qui sépare le Gardon de Mialet du Gardon de Saint-Jean, et descendre enfin au Gardon de Mialet.

La limite orientale du département, du Gardon de Mialet à la vallée de l'Allier, est en grande partie conventionnelle. Elle passe sur l'extrémité orientale de la chaîne de la Lozère, gagne les sources de la Cèze, puis le signal de Vielvic, descend par le vallon des Balmelles à la vallée du Chassezac, dont elle se sépare au confluent de la rivière ardéchoise de Borne, suit la rive droite de ce torrent pendant quelques kilomètres, traverse un plateau et, au-dessous d'un signal coté 1121 mètres, atteint la vallée de l'Allier, qu'elle suit presque sans interruption jusqu'au confluent du Chapeauroux et du ruisseau de Goutelle, où elle rejoint la limite septentrionale du département.

La *superficie* du département de la Lozère est de 516,973 hectares. Sous ce rapport, c'est le 75e département. Sa plus grande *longueur*, de Paulhac, au nord, au signal de l'Hort-Dieu, au sud, est de 105 kilomètres ; sa plus grande *largeur*, des monts d'Aubrac, à l'ouest, à la rive droite de la Borne, à l'est, est de 80 kilomètres. Le *pourtour* du département est d'environ 400 kilomètres.

II. — Physionomie générale.

Le département de la Lozère est très montagneux, et c'est peut-être celui des départements français dont l'altitude moyenne est le plus élevée. A l'est, quatre chaînons parallèles, se détachant de la grande chaîne de partage des eaux, se prolongent à l'ouest avec une altitude de 1,400, 1,500, 1,600 mètres de hauteur. A ces massifs s'appuient d'immenses terrasses : granitiques au nord et réunissant la Margeride aux Trucs volcaniques d'Aubrac ; calcaires au centre et au sud, et réunissant soit les causses aveyronnais au mont Lozère, soit le causse Méjean à l'Aigoual. Ces terrasses et ces plateaux, qui vont en s'élevant de l'est à l'ouest, ont une altitude variant de 900 mètres à 1,100, 1,200 et plus de 1,300 mètres. Ces chaînons parallèles et ces plateaux ne laissent place qu'à d'étroites vallées, à des défilés presque impraticables, à des gorges grandioses. Grâce à sa situation sur la chaîne de partage des eaux entre les deux mers, à ses versants inclinés à l'ouest, au nord et à l'est, à la crête de l'Aigoual qui le borne au sud, le département peut être con sidéré comme le toit de la France. Il ne reçoit aucun cours d'eau des départements voisins, et ses 437 ruisseaux ou rivières vont tomber, à l'ouest dans l'Atlantique, à l'est dans la Méditerranée par les bassins de trois grands fleuves : la Loire, la Garonne et le Rhône.

Il se divise en trois parties bien distinctes : les Cévennes, la montagne et les causses.

Les **Cévennes**, dont le développement total est d'environ 215 kilomètres, sont les montagnes les plus importantes de cette série de chaînes qui se développe en un demi-cercle immense au sud et à l'est des plateaux du centre de la France, et forme la ligne de séparation entre les eaux tributaires de l'Océan et les affluents de la Méditerranée. Les Cévennes forment un bourrelet étroit et sinueux qui va sans interruption du seuil de Naurouse au mont Pilat et au Rhône ; souvent le nom local change : monts de Saint-Félix, Montagne-Noire, Saumail, Espinouze, etc. ; mais la ligne se continue sans cesse avec une direction générale sud-ouest-nord-est, séparant nettement les deux grands bassins océanique et méditerranéen. Les Cévennes ne sont connues sous ce nom que dans une partie des départements de l'Hérault, du Gard, de la Lozère et de l'Ardèche. Dans la Lozère, l'usage a localisé le nom à la portion de la chaîne qui fut le théâtre de la guerre des Camisards. C'est donc seulement du massif de l'Aigoual, au sud, à la crête méridionale du chaînon de la Lozère que le nom de Cévennes est connu dans le pays ; toutefois on l'applique aussi aux gorges du canton de Villefort, jusqu'au confluent de la Borne et de l'Altier avec le Chassezac. C'est là qu'habite le *Cévenol*, très différent du *montagnard* du nord et même du *Louzérot*, très différent aussi du *caussenard*.

Les Cévennes, proprement dites, entrent dans le département par le massif de l'**Aigoual**, dont le sommet culminant, l'*Hort-Dieu* (1567 mètres), se partage entre le Gard et la Lozère. L'Aigoual, riche en fleurs, très abrupt, très rocheux, très brûlé sur le versant méridional, a des pentes plus adoucies sur le versant nord, où ses contre-forts et ses vallons sont revêtus de forêts de hêtres et de pins sylvestres, de pâturages et de prairies.

C'est dans le département de la Lozère que le massif de l'Aigoual a ses plus hauts sommets. Sur un contre-fort qui sépare la vallée supérieure de la Jonte du vallon du Trépalous, affluent du Tarnon, à 2 kilomètres à vol d'oiseau de l'Hort-Dieu, est un sommet de 1,564 mètres, et sur cette crête qui réunit le massif au causse Méjean par le col de Perjuret (1,054 mètres), des sommets de 1,404 et 1,559 mètres. A l'ouest de l'Hort-Dieu se dressent des cimes de 1,470, 1,474, 1,406 mètres (signal de *Montrefu*), 1,527 mètres (la *Croix-de-Fer*); cette arête va se relier, par 1,183 mètres d'altitude, au plateau presque entièrement aveyronnais du causse Noir. A l'est de l'Hort-Dieu, la crête, se dirigeant de sud-ouest au nord-est, par 1,356, 1,228, 1,097 mètres (au signal du *Tarnon*), continue la ligne de partage de eaux des deux mers; à l'ouest de cette ligne coulent les Tarnons, à l'est les Gardons. A l'ouest sont les eaux abondantes, les belles prairies aux bouquets d'arbres; à l'est, les taillis de chênes verts, les buissons, les arbustes, les torrents auxquels un soleil torride laisse à peine en été l'eau nécessaire à l'irrigation des châtaigneraies, des mûriers et des arbres à fruits; en hiver, les orages transforment ces maigres cours d'eau en torrents furieux et dévastateurs.

La ligne de partage des eaux est très étroite; il n'est pas rare que le lit d'un sous-affluent de la Garonne ne soit distant que de 300, 250 et même 200 mètres du lit d'un tributaire du Rhône; mais de chaque côté de cette mince arête, sont des chaos de montagnes, souvent plus élevées que la ligne centrale, et d'un aspect absolument différent selon qu'elles regardent l'Océan ou la Méditerranée.

L'axe des Cévennes descend au col des Salides, se relève au signal de *l'Hospitalet* (1,112 mètres), passe sur la Can de Barre-des-Cévennes, s'infléchit à l'est, s'échancre légèrement au col de Jalcreste, et monte au signal de *Saint-Maurice-de-Ventalon* (1,354 mètres), d'où se détache le chaînon transversal des **monts de Bougès**. Ce chaînon, parallèle à l'Aigoual et aux monts de la Lozère, se dirige de l'est à l'ouest avec des cotes de 1,330 mètres (signal de *Fraissinet*), 1,366 mètres, et même 1,424 mètres au signal de Bougès, d'où il descend entre le Tarn et le Tarnon par les *monts de Ramponenche*, pour se terminer au confluent des deux rivières (526 mètres).

Le signal de Saint-Maurice donne naissance au Gardon d'Alais et au Rieutord, sous-affluent de la Cèze, à l'Alignon, affluent du Tarn, et à un affluent de la Mimente. Du sommet du signal, on peut embrasser du regard toute la contrée rendue célèbre par la guerre des Camisards. C'est près du signal, au bois d'Altefage, que se réunirent les premiers partisans; et c'est autour de ce pic que se trouvaient les 199 villages et hameaux détruits ou brûlés méthodiquement en 1703 (*V.* p. 43).

Au delà du signal, la ligne de partage des eaux, se continuant dans la direction du sud-ouest au nord-est par le col de Saint-Maurice (1,082 mètres), sépare les sources du Tarn des sources de la Gourdouze, distantes de moins de 250 mètres, et va se souder, par 1,500 mètres environ d'altitude, au chaînon transversal de la Lozère, entre le *Roc Malpertus* (1,683 mètres), à l'ouest, et un sommet de 1,448 mètres, à l'est. L'axe de la chaîne suit alors la Lozère, à l'ouest, passe au Roc Malpertus, se maintient à 1,658, 1,575, 1,615, 1,639 mètres, atteint une des cimes (1,702 mètres) du *pic Finiels* et, quittant la crête du chaînon, tourne au nord avec une arête qui sépare un affluent du Lot d'un affluent de l'Altier.

Le chaînon porphyrique de la **Lozère** commence à l'est du Roc Costelades (1,508 mètres; Gard), qui domine Concoules et la vallée de la Cèze, et se prolonge à l'ouest parallèlement à la Margeride, au nord, et aux chaînons de Bougès et de l'Aigoual, au sud; c'est un des nœuds hydrographiques les plus importants du département de la Lozère : ses eaux abondantes s'écoulent vers la Garonne par le Tarn au sud-ouest et par le Lot au nord-ouest; vers le Rhône, par la Cèze au sud-est, par l'Altier au nord-est. C'est aussi le chaînon le plus élevé de tout le système des Cévennes; son sommet culminant est la cime principale du *pic Finiels* (1,702 mètres), appelé aussi *pic Crucinas* ou signal de Cassini. Les pics de la Lozère n'ont que peu de saillie au-dessus des immenses terrasses de la chaîne. A l'ouest se dressent le signal des *Laubies* (1,660 mètres) et des cimes de 1,549, 1,561 mètres (*Roc des Laubies*), 1,490, 1,486 mètres; mais au *Roc de l'Aigle*, qui domine Bagnols-les-Bains au nord et Lanuéjols au sud, la crête n'a plus que 1,258 mètres, et bientôt elle se joint, à l'ouest-nord-ouest, au causse de Mende, tandis que, au sud-ouest, elle se réunit au causse de Sauveterre (col de Montmirat) par une arête présentant des altitudes de 1,530, 1,280, 1,240 et 1,046 mètres. Les vallons de ce chaînon sont en général charmants de fraîcheur dans le bassin du Lot, abondants en cascades dans le bassin du Tarn, sauvages et abrupts dans les gorges de l'Altier et de ses affluents de droite; brûlés et dénudés sur les pentes ravinées qui descendent dans la vallée de la Cèze.

Au delà de la seconde cime du pic Finiels, la ligne de partage des eaux se dirige au nord, avec des altitudes de 1,574 et de 1406 mètres (signal de *Cubières*); puis elle descend au *col de Tribes* (1,175 mètres), ouvert entre le chaînon de la Lozère et la montagne du **Goulet**, laisse à l'ouest les sources du Lot, à l'est les sources d'affluents de l'Altier, atteint le signal du *Goulet* (1,499 mètres), et traverse la *plaine de Montbel*, plateau marécageux, froid, troué de gouffres sans nombre, qui envoie ses eaux au Chassezac au sud-est, au Lot au sud-ouest.

Elle se dirige ensuite à l'est, et, laissant à l'ouest les bassins des sous-affluents de la Garonne, monte au *Maure-de-la-Gardille* (1,501 mètres) et sépare alors les bassins de la Loire et du Rhône. Au nord sont les sources de l'Allier, à l'ouest-sud-ouest puis au sud-est les sources et le cours du Chassezac. Au pied du Maure s'étendent les débris de la forêt de Mercoire, qui aujourd'hui ne couvre plus de ses futaies que 340 hectares.

L'axe des Cévennes, large à peine de 300 mètres (entre vallées), tourne au sud, passe à la Bastide entre les affluents de la Borne, tributaire du Rhône, et les affluents de l'Allier, quitte le département de la Lozère et pénètre dans le département de l'Ardèche où, après avoir décrit de nombreuses courbes et avoir séparé les affluents de l'Allier de ceux de l'Ardèche, elle va se relier, par le Gerbier-de-Jonc, à la chaîne des Boutières et, suivant la ligne de faîte du mont Pilat, va mourir, entre le Rhône et le Gier, en face de Lyon.

Les Cévennes se rattachent, à l'ouest-nord-ouest du département, aux montagnes de la Margeride et aux monts d'Auvergne par la plaine de Montbel et le désert appelé le *Palais du Roi*, affreux plateau granitique où, en hiver, le vent et la neige font rage. Ici ce n'est plus la ligne de séparation des deux mers, mais seulement celle des bassins de deux fleuves qui versent leurs eaux à l'Océan : au sud-ouest descendent les affluents directs du Lot, au nord-ouest les affluents de la Truyère, tributaire elle-même du Lot ; au nord-est coulent les affluents de l'Allier.

La **Montagne** — c'est ainsi que s'appelle la région des pâturages des monts de la Margeride et d'Aubrac — occupe la moitié du département. Vue du pic Finiels, « la **Margeride** ou *Margerite* est une longue ligne noire dans le ciel de la France centrale, une espèce de muraille sans créneaux, sans tours et sans clochers. » C'est à peine si son point culminant, le signal de *Randon* (1,554 mètres), situé entre le *Truc de Fortunio* (1,543 mètres), au sud, et une cime de 1,540 mètres, au nord, dépasse d'une centaine de mètres les sommets voisins, et de 200, 250 à 300 mètres les pauvres villages établis sur les terrasses de la montagne. En réalité, la Margeride est une longue suite de plateaux granitiques ondulés, couverts en partie de forêts de chênes, de hêtres, de sapins, en partie de gras pâturages, abondants en sources, et qui reçoivent, pendant la belle saison, plus de la moitié des 250 à 300,000 moutons transhumants qui, de temps immémorial, viennent du Bas-Languedoc et de la Camargue estiver dans les Cévennes. Au nord sont les magnifiques gorges de la Truyère, qui naît dans la Lozère, décrit une courbe immense, contourne la Planèze, et, après un cours de 175 kilomètres, va tomber dans le Lot près d'Entraigues (Aveyron).

A l'ouest, les montagnes granitiques de la Margeride se relient par de grands plateaux aux **monts** volcaniques **d'Aubrac**. Là, aux pâturages à moutons succèdent les grands et riches herbages à bêtes à cornes ; c'est le pays des fromageries, des laiteries et de l'élevage. Le principal sommet des monts d'Aubrac est le signal de *Mailhebiau* (1,471 mètres). Dans les vallées, et surtout dans la vallée du Bès, affluent de la Truyère, sont de beaux bois, de magnifiques prairies, et tout le pays qui entoure le petit établissement de bains de la Chaldette est extrêmement pittoresque. A l'est du signal de Mailhebiau est une petite région lacustre, où dorment les *lacs* ou *étangs de Moussous, de Souvérols, de Salhiens, de Bord, de Saint-Andéol*. Toutes les eaux des monts d'Aubrac descendent au Lot : au nord par le Bès, au sud et à l'est soit directement, soit par la Colagne, qui baigne Marvejols.

La région des *ségalas* et des **causses**, qui monte de l'ouest à l'est, des causses du Quercy aux granits de la Lozère et de l'Aigoual, couvre, dans le département de la Lozère, une superficie de plus de 125,000 hectares, avec une population de 6,662 habitants (1876). « Les *causses*, dit M. O. Reclus (*France, Algérie et colonies*), de formation calcaire comme leur nom l'indique (*calx*, chaux), occupent, sous divers noms, au sud et à l'ouest, une grande portion du Plateau Central. L'orage aux larges gouttes, la pluie fine, les ruisseaux de neige fondue, les sources joyeuses ne sont point pour le causse, qui est fissuré, criblé, cassé, qui ne retient point les eaux ; tout ce que lui verse la nue entre dans la rocaille. Et c'est bien loin, bien bas, que l'onde engloutie se décide à reparaître ; elle sort d'une grotte, au fond des gorges, au pied de ces roches droites, symétriques, monumentales qui portent le terre-plein du causse. Mais ce que le plateau n'a bu qu'en mille gorgées, la bouche de la caverne le rend souvent par un seul flot, les gouttes qui tombent du filtre s'unissant dans l'ombre en ruisseaux, puis en rivières. Aussi les sources du pied du causse sont-elles admirables par l'abondance des eaux, par la hauteur et la sublimité des rocs de leurs « bouts-du-monde. » Trop de soleil si le causse est bas, trop de neige s'il est élevé ; toujours et partout le vent qui tord les bois chétifs ; pour lac une mare, pour rivière un ravin ; de rocheuses prairies tondues par des moutons et des brebis à laine fine, des champs cailloteux d'orge, d'avoine, de pommes de terre, rarement de blé, voilà les causses. Le caussenard seul peut aimer le causse ; mais qui n'admirerait les vallées qui l'entourent ? En descendant, par des sentiers de chèvres, du plateau dans les gorges, on quitte brusquement la rocaille altérée pour les prairies murmurantes et les grands horizons. En haut, sur la table de pierre, c'est le vent, le froid, la nudité, la pauvreté, la laideur, la tristesse, le vide ; en bas, sur le tapis de gazon, c'est le zéphir dans les vergers, une atmosphère tiède, l'abondance et la gaieté. Le contraste inouï que certains causses font avec les gorges environnantes est une des plus rares beautés de la France. »

Les *causses* lozériens *de la Roche*, *de Changéfège*, *de Valduc* ou *Balduc*, *de Mende*, etc., ont peu d'importance ; mais il n'en est pas de même du grand causse de Sauveterre, qui est pour ainsi dire la continuation du causse aveyronnais de Sévérac et du causse Méjean.

Le **causse de Sauveterre** a 35 kilomètres de longueur, du col de Montmirat, qui le rattache à la chaîne de la Lozère, à la limite ouest du département, et 25 kilomètres dans sa plus grande largeur, des gorges du Lot à celles du Tarn. Vaste d'environ 60,000 hectares, il n'a que 4,424 habitants, répartis en

146 communes ou hameaux. Autrefois très boisé, c'est à peine si aujourd'hui il conserve quelques lambeaux de ses anciennes forêts. A l'ouest, le long de la ligne conventionnelle qui le sépare du causse de Sévérac, son altitude moyenne est d'environ 900 mètres; à l'est, il dépasse 1,000 mètres. Sur ce grand plateau s'élèvent çà et là des *couronnes*, *puechs*, *trucs* ou

Ermitage de Saint-Privat, à Mende.

mamelons qui dominent à peine de 20, 30, 40, 50 mètres le niveau de cette plaine effrayante d'aridité, trouée d'« avens » sans nombre. Ces avens, gouffres étroits et sombres, servent, croit-on, de canaux aux admirables fontaines de Saint-Frézal à la Canourgue, de Vigos à Ispagnac, de Burle à Sainte-Énimie et à cent autres fontaines moins connues. Car si le sol du causse ne peut garder l'eau, il en reçoit pourtant du ciel une assez grande quantité : les observations pluviométriques de neuf années, faites au village du Massegros, situé sur la partie ouest-sud-ouest du causse de Sauveterre, donnent une moyenne annuelle de 1^m,050 de pluie; et comme le maximum est de 1^m,250 et le minimum de 0^m,833, on peut considérer comme normale pour le causse une hauteur d'eau de plus d'un mètre par an, c'est-à-dire deux fois la quantité de pluie qui tombe à Paris.

Dans les «sotchs», espèce de vallons fermés, la couche végétale, étant un peu moins mince que dans les autres parties du plateau, garde un peu plus de fraîcheur et permet de tenter quelques maigres cultures. C'est généralement près de ces sotchs que sont placées les habitations. Ces maisons, voûtées dans leur partie supérieure pour résister aux efforts de la tempête et au poids des neiges de l'hiver, sont munies de citernes qui reçoivent et gardent l'eau nécessaire à la vie de chaque jour; près des hameaux existent en outre des mares d'eau verdâtre, qui servent d'abreuvoirs aux bestiaux; mais souvent ces mares, «lavognes» ou « lavagnes», rendues étanches au moyen d'une couche d'argile, sont à sec en été. Cette disette d'eau a presque déshabitué de boire les rares bestiaux élevés sur le causse; quant au mouton, de même que celui du Larzac, il ne boit jamais. C'est avec le lait des brebis du Larzac et des causses que se fabrique le célèbre fromage de Roquefort.

A l'est-sud-est de cette nappe de calcaire jurassique, une saillie de balsate forme une ride sombre sur laquelle est bâti le hameau de Sauveterre (1,042 mètres) : c'est la seule trace volcanique qui ait été signalée sur les causses lozériens.

D'Ispagnac au Rozier (V. p. 20), de l'est-nord-est à l'ouest-sud-ouest, courent parallèlement, sur une longueur de plus de 50 kilomètres, deux immenses précipices, séparés par le cours du Tarn. Ce défilé du Tarn a, du bord du causse de Sauveterre au bord du causse Méjean, une largeur de 1,250 à 2,500 mètres au maximum; mais si l'on veut passer de l'un à l'autre de ces causses, il faut descendre au bord du Tarn, le long de murailles verticales, hautes de 450 à 575 mètres sur la rive droite, de 500 à 700 mètres sur la rive gauche, et, là où l'on a pu tailler une route dans le roc, comme à Sainte-Énimie, la distance entre les deux bords du précipice qui, à vol d'oiseau, n'est que de 1,800 mètres, dépasse, en réalité, 12 kilomètres.

Le **causse Méjean**, séparé des monts du Bougès, à l'est, et de l'Aigoual, au sud, par le Tarnon, du causse Noir, au sud, par la Jonte, du causse de Sauveterre, au nord, par le Tarn, est un immense monolithe de calcaire jurassique, d'une superficie d'environ 40,000 hectares, sans eau, sans arbres, ayant une altitude moyenne de plus de 1,000 mètres, et des couronnes qui atteignent 1,278 mètres dans sa partie orientale. Grand îlot rattaché seulement à la terre ferme par l'isthme, large de 1,000 mètres environ, du col de Perjuret, qui l'unit au massif de l'Aigoual, le causse Méjean, sauf sur ce point, présente un front de falaises verticales de 120 kilomètres de circonférence, et ses falaises tombent de 500 à 700 mètres de hauteur absolue sur l'immense fossé, de 160 kilomètres de développement, au fond duquel, à une distance de 700 à 1,000 mètres au plus à vol d'oiseau (du bord supérieur de la falaise), coulent, dans une suite de gorges grandioses, le Tarn, le Tarnon et la Jonte, et les magnifiques fontaines du Pêcher à Florac, de Castelbouc à Prades, de Saint-Chély-du-Tarn, etc. 2,000 *caussenards* habitent ce désert, l'aiment et s'y trouvent heureux.

Plus au sud, de l'autre côté de la coupure de la Jonte, se dresse le *causse Noir*, dont une parcelle seulement appartient au département de la Lozère.

III. — Cours d'eau.

Les 437 cours d'eau qui parcourent la Lozère, nés tous dans le département, s'écoulent : dans le Rhône, par le Chassezac, affluent de l'Ardèche, par la Cèze et par les Gardons ; dans la Loire, par l'Allier ; dans la Garonne, par le Lot et le Tarn. Aucun d'eux n'est navigable dans le département, et, si le principal d'entre eux, le Tarn, peut porter des barques à fond plat, de Montbrun au Rozier, ce n'est qu'au moyen de nombreux transbordements et avec une interruption complète entre le Pas-de-Soucy et le village de Saint-Préjet-du-Tarn.

Les grands fleuves vers lesquels se dirigent les eaux du département sont fort éloignés de ses limites. Les sous-affluents lozériens du Rhône ne lui arrivent qu'après avoir traversé le département de l'Ardèche ou celui du Gard. Ceux de la Loire doivent franchir la Haute-Loire, le Puy-de-Dôme, l'Allier et une partie du département de la Nièvre, avant de se jeter dans le fleuve. Enfin, le Tarn, à l'ouest-sud-ouest, doit couper l'Aveyron, le Tarn, Tarn-et-Garonne, le Lot, à l'ouest-nord-ouest, l'Aveyron, le Lot et Lot-et-Garonne, avant de tomber dans la Garonne. En outre, le plus important affluent lozérien du Lot, la Truyère, ne lui arrive qu'après avoir traversé une partie du Cantal.

Bassin du Rhône. — Le Rhône, sorti du glacier de la Furka, en Suisse, entre en France en aval du lac Léman, et va se jeter dans la Méditerranée, avec un volume d'eau et de limon énorme, en aval de la Tour-Saint-Louis, après un cours de 812 kilomètres. C'est par l'Ardèche, la Cèze et le Gard que le Rhône reçoit les eaux que lui envoie la Lozère.

L'**Ardèche** naît, par 1,400 mètres environ d'altitude, dans le massif du Tanargue, et, après un cours de 110 kilomètres, va se jeter dans le Rhône, en amont de Pont-Saint-Esprit. L'Ardèche ne touche point le département de la Lozère, mais c'est de la Lozère que lui viennent, en grande partie, par son affluent le Chassezac, ces immenses afflux subits d'eaux bourbeuses qui parfois font de ce torrent, souvent à sec, le plus formidable affluent du Rhône.

Le **Chassezac**, affluent de droite, prend sa source au Maure-de-la-Gardille, à très peu de distance des sources de l'Allier, contourne le pic de la Gardille, traverse les pâturages de Belvezet, Saint-Frézal, Chasseradès, Puylaurent, passe à Prévenchères où il rencontre le chemin de fer de Paris à Nîmes, qui suit sa rive gauche jusqu'au hameau de Rachas, et, après deux grands méandres, entre dans la région de la Borne. Il pénètre ensuite dans le département de l'Ardèche, où, après un cours de 40 kilomètres (soit 75 kilomètres depuis sa source), il va déboucher dans l'Ardèche en amont du pont de Salavas. Les crues du Chassezac et de son affluent l'Altier sont subites et terribles. En 1827, la crue du Chassezac éleva le niveau de l'Ardèche de 17 mètres 70 centimètres au-dessus de l'étiage au pont de Salavas, et pourtant à cet endroit le lit de l'Ardèche a 140 mètres de largeur. Dans cette crue il augmenta, dit-on, de 7,900 mètres cubes par seconde le débit de la rivière (?). — Dans le département de la Lozère le Chassezac reçoit l'Altier et la Borne. L'*Altier* naît dans le massif du mont Lozère, au pied d'un signal coté 1,639 mètres, passe à Cubières, au château de Champ, en contre-bas d'Altier, traverse une gorge rocheuse que franchit le magnifique viaduc de l'Altier, reçoit le *torrent de Palhères*, laisse Villefort sur la droite, pénètre au hameau de Bayard dans un défilé et va se jeter dans le Chassezac, près de Planchamp. Cours, 40 kilomètres. — La *Borne*, longue de plus de 50 kilomètres et qui sépare sur une partie de son cours le département de la Lozère de celui de l'Ardèche, a ses sources dans le Tanargue et tout son cours dans une série de défilés, d'encaissements, de précipices ; elle s'unit au Chassezac au-dessous de Planchamp.

La **Cèze** n'appartient que par ses sources au département de la Lozère. Elle naît au sud-est du collet de Villefort, au pied du signal de Vielvic (996 mètres), arrose Saint-André-Capcèze et entre bientôt dans le département du Gard, qu'elle traverse en entier et où elle va, au-dessous de Codolet, tomber dans l'un des bras du Rhône, qui entourent l'île de la Piboulette (100 kilomètres). — La Lozère lui envoie l'Homol et le Luech. L'*Homol*, né près du Roc Costelades (1,508 mètres), dans la chaîne de la Lozère, longe la limite orientale du département, entre un moment dans le Gard et va se perdre dans la Cèze près du hameau de Vidal, en aval de Genolhac (21 kilomètres). — Le *Luech* sort, à 1,426 mètres environ, de la chaîne de la Lozère, à quelques centaines de mètres à peine des sources du Tarn, reçoit un torrent des monts de Bougès, passe aux mines de plomb argentifère de Vialas, se grossit de la *Courdouze*, descendue aussi de la Lozère, et, sortant du département, va se jeter dans la Cèze à Chamborigaud (30 kilomètres).

Le **Gard** ou **Gardon** (125 kilomètres de cours jusqu'à la source du Gardon d'Alais, 135 jusqu'à l'origine du Gardon d'Anduze) se forme au-dessous des Tavernes (Gard), à 2 kilomètres au sud de Vézénobres, par la jonction du Gardon d'Anduze et du Gardon d'Alais. Le Gardon d'Anduze, long de 72 kilomètres, apporte au lit commun, ou Gard inférieur, les cinq huitièmes de ses eaux; le Gardon d'Alais, long de 62 kilomètres, les trois huitièmes seulement. L'un et l'autre viennent de la Lozère. — Le *Gardon d'Anduze* ou *Gardon de Saint-Jean*, né dans des montagnes de 1,100 mètres (Lozère), passe à Bassurels et entre dans le département du Gard, où il se double par les eaux du *Gardon de Mialet* (48 kilomètres), torrent qui naît, à 1,076 mètres, près de Saint-André-de-Lancize, passe près de Saint-Germain-de-Calberte, arrose Saint-Étienne-Vallée-Française et reçoit le *Gardon de Sainte-Croix*, qui descend d'un sommet de 1,041 mètres situé sur le prolongement nord de la Can de l'Hospitalet, baigne le territoire de Molezon, absorbe, sur sa rive gauche, le ruisseau de la *Devèze* et arrose Sainte-Croix. — Le *Gardon d'Alais* se forme au pied du Puy de Saint-Maurice (1,354 mètres); il passe entre Saint-Frézal-de-Ventalon (rive gauche) et Saint-Privat (rive droite), reçoit un Gardon beaucoup plus important que lui, venu du col de Jalcreste, traverse des gorges rocheuses, atteint Collet-de-Dèze où il se double au confluent du *Dourdon* ou *Gardon de Dèze* et de deux grosses sources et sort, près du hameau de la Devèze, du département de la Lozère pour entrer dans celui du Gard. Avant de border Alais, il absorbe le *Galeizon*, torrent né dans la Lozère, où il passe à Saint-Martin-de-Boubaux. Le Gard a un cours de 63 kilomètres, de la jonction des deux Gardons jusqu'à son embouchure dans le Rhône à Comps-Saint-Étienne, entre Aramon et Beaucaire. Peu de rivières en France ont un débit aussi irrégulier : en été, tantôt il est à sec, tantôt il roule subitement des masses d'eau énormes.

Bassin de la Garonne. — La plus grande partie des eaux du département appartient au bassin de la **Garonne**. Cette rivière, qui naît en Espagne, entre en France au Pont-du-Roi, longe les Pyrénées, puis, se courbant au nord-ouest, reçoit sur la rive droite, à 6 kilomètres en aval de Moissac, le Tarn, et plus loin, près d'Aiguillon, le Lot, ses deux affluents d'origine lozérienne. La Garonne traverse Bordeaux, prend le nom de Gironde à sa jonction avec la Dordogne, et se perd dans l'Océan, après un cours de 575 kilomètres.

Le **Tarn** a ses sources à 1,550 mètres d'altitude, au pied du Roc Malpertus (1,683 mètres), sur le versant méridional du chaînon de la Lozère. Il descend en torrent furieux à travers les pâturages de Bellecoste, reçoit de toutes les rides de la montagne des affluents sans nom, s'encaisse entre les pentes de la Lozère et des monts du Bougès, traverse le Pont-de-Montvert (896 mètres), se grossit de l'*Alignon*, descendu du signal de Saint-Maurice-de-Ventalon (1,554 mètres), et du *Rieumalet* ou *ruisseau de Finiels*. Puis il se fraye un passage dans des gorges sinueuses, passe devant Fraissinet-de-Lozère, reçoit le *torrent de la Brousse*, qui tombe en cascades du signal des Laubies (1,660 mètres), puis le *torrent de Miral* ou *des cascades de Runes*, baigne Cocurès (624 mètres), se grossit du *torrent de Briançon*, laisse Florac à 1,500 mètres au sud, et reçoit le Tarnon (526 mètres ; *V.* ci-dessous), dont il prend la direction sud-nord, et contourne les éperons du causse Méjean. Après avoir reçu un petit torrent venu du col de Montmirat, le Tarn tourne brusquement à l'ouest-sud-ouest et passe entre Ispagnac (rive droite) et Quézac (rive gauche; 500 mètres), se grossit de la magnifique source ou *rivière de Vigos* et, passant devant le château de Rocheblave, pénètre entre les murailles du causse Méjean, au sud, et les murailles du causse de Sauveterre, au nord. C'est là que commencent les gorges du Tarn.

Les gorges du Tarn, d'une étendue de plus de 50 kilomètres d'Ispagnac (500 mètres) au Rozier (380 mètres), ouvertes entre les gigantesques murailles parallèles des causses de Sauveterre, sur la rive droite, et Méjean sur la rive gauche, et larges de 1,250 à 2,500 mètres au maximum entre les lèvres des deux causses, sont une des merveilles naturelles de la France. Grâce à leurs nombreux détours, à leurs « bouts-du-monde » succédant çà et là aux grandes parois de roches fauves, leur aspect n'est jamais le même, et, malgré leur étroitesse, malgré l'immense élévation des falaises, elles n'ont rien de sombre, ni de triste; l'air et la lumière y circulent librement.

Au delà du château de Rocheblave, le Tarn longe un petit bassin formé, sur la rive gauche, par le débouché d'un ravin du causse Méjean : c'est une des parties les plus larges des gorges (2,500 mètres). Sur les pentes de ce ravin s'étagent les maisons du village de Montbrun. Tantôt les eaux vertes du Tarn bordent la rive gauche, tantôt elles vont longer la muraille de la rive droite, laissant à peine place au chemin. Parfois la falaise absolument verticale, surtout celle du causse Méjean, tombe de plus de 600 mètres, comme au hameau de Charbonnières; parfois aussi elle semble monter de corniche en corniche, en affectant les formes de tours, d'obélisques, de châteaux fantastiques. Là où par hasard se trouve une surface plane, croissent des amandiers, des pêchers ou des vignes, si cette petite terrasse longe le rocher; ou une étroite bande de prairie, si cette « plaine » est au bord de la rivière. Sur la rive gauche, au hameau de *Castelbouc*, est une de ces merveilleuses *sources* par lesquelles rejaillissent des eaux engouffrées sur les causses et qui débitent souvent deux mètres cubes par seconde. C'est surtout à partir du hameau de Blajoux que les gorges prennent leur caractère de grandeur et de majesté. Plus loin, sur la rive droite, se trouvent le village de Prades et le bourg de Sainte-Énimie, puis, sur la rive gauche, *Saint-Chély-du-Tarn* et sa belle *fontaine*.

Le Tarn baigne le hameau de Pougnadoires, passe devant le joli château de la Caze, fait mouvoir le moulin d'Hauterive (452 mètres), arrose la Malène et, toujours resserré entre ses murailles rouges, tachetées de verdure, pénètre bientôt dans le *Détroit*, l'un des sites les plus extraordinaires du défilé. Au *Pas-de-Soucy*, la rivière disparaît sous un immense chaos de blocs de calcaire détachés des Rocs de l'Aiguille et de la Sourde. De magnifiques fontaines se montrent çà et là sur la rive droite, un peu moins abrupte que la rive gauche. Bientôt le Tarn reparaît, mais son lit, encombré de rochers, n'est qu'un rapide poissonneux, et ce n'est qu'à la traversée de Saint-Préjet-du-Tarn qu'il peut de nouveau porter des barques.

Après avoir franchi un nouveau défilé, la rivière passe devant le pittoresque hameau de Villaret, aux grottes habitées. Il serait d'ailleurs impossible d'énumérer toutes les grottes dont sont percées les deux falaises. Sur la rive gauche, la gigantesque paroi du causse Méjean porte à son faîte des roches ruiniformes, de l'aspect le plus sauvage, tandis que, au delà du hameau de Cambon, s'ouvre dans la paroi du causse de Sauveterre le large et pittoresque ravin de Saint-Marcellin, dont la riche végétation, toute hérissée de grandes roches, monte jusqu'au bord du causse.

Mais le défilé s'élargit ; peu à peu ce n'est plus qu'une gorge et bientôt une vallée, et, en vue du bourg aveyronnais de Peyreleau, on arrive au Rozier (390 mètres), situé dans le bassin formé par le confluent de la Jonte, où le Tarn quitte le département de la Lozère pour entrer dans celui de l'Aveyron.

Traversant ensuite les départements de l'Aveyron, du Tarn et de Tarn-et-Garonne dans une vallée qui abonde en admirables paysages, le Tarn, après un cours de 375 kilomètres, va se jeter dans la Garonne, à 6 kilomètres en aval de Moissac, apportant au fleuve 20 mètres cubes d'eau par seconde à l'étiage, et jusqu'à 6,500 mètres cubes dans les grandes crues. — Les deux principaux affluents lozériens du Tarn sont le Tarnon et la Jonte.

Le **Tarnon** prend sa source dans les replis de l'Aigoual, au pied du signal du Tarnon (1,097 mètres). Bondissant au milieu de prairies, de bouquets d'arbres, de châtaigniers, il arrose les Rousses (770 mètres), reçoit, au hameau des Vanels (675 mètres), le *ruisseau de Fraissinet*, qui descend du col de Perjuret, traverse le charmant bassin de Vébron (602 mètres), baigne le château de Salgas, et, longeant l'immense falaise orientale (672 mètres de hauteur absolue) du causse Méjean, suit une assez large et très pittoresque vallée, ouverte entre les murailles du causse et les pentes des Cévennes proprement dites, au milieu de prairies et de vergers. Il se grossit, en aval du pont de Barre, de la *Mimente* qui, descendue d'un sommet des monts du Bougès (1,366 mètres), arrose Cassagnas, Saint-Julien-d'Arpaon, la Salle-Prunet (cours, 27 kilomètres). Le Tarnon passe devant Florac, où il reçoit les eaux de la belle *fontaine du Pêcher* qui, sortie des murailles du causse Méjean, tombe de cascade en cascade et traverse la ville. Bientôt après, à 1,500 mètres en aval de Florac, il va se perdre dans le Tarn, par 526 mètres. Cours, 35 kilomètres.

La **Jonte** naît au pied d'un contre-fort de l'Aigoual (1,220 mètres), qui réunit le causse Méjean au massif de l'Aigoual par le col de Perjuret. Elle baigne Gatuzières (802 mètres), se grossit, dans le beau bassin de Meyrueis (691 mètres environ), des *ruisseaux de la Brèze* et *du Butézon*, qui arrosent de charmants vallons, et, passant entre les murailles du causse Méjean et du causse Noir, se perd un moment sous des éboulis, puis traverse une pittoresque vallée, très boisée, entre de magnifiques escarpements. A la sortie du défilé, au Rozier, la Jonte se jette dans le Tarn, par 390 mètres, après un cours de 42 kilomètres.

Source du Pêcher, à Florac.

Le **Lot** ou l'*Olt* est, ainsi que le Tarn, une des grandes rivières de la France. Ses sources sont dans les montagnes du Goulet (1,428 mètres), à 1,500 mètres environ du hameau de Bonnetès. Il passe devant le Bleymard (1,058 mètres), où il n'est encore qu'un mince filet d'eau, se grossit des *ruisseaux de Bonnetès*, à droite, *de Combesourde*, à gauche, et enveloppe d'un de ses méandres le promontoire rocheux qui porte les ruines du château du Tournel. Recevant, à droite et à gauche, de nombreux ruisselets, il traverse de belles prairies, bordées de bois, entoure le village de Saint-Julien-du-Tournel, se grossit des *ruisseaux d'Houltes* et du *Rioufred* (rive gauche), borde Bagnols-les-Bains, reçoit le *Villaret* et l'*Alleniet*, puis d'autres ruisseaux, souvent sans nom, qui arrosent de délicieux vallons. Après avoir passé devant Chadenet, il absorbe les *ruisseaux des Salelles* et *d'Esclancide* (rive droite), laisse Sainte-Hélène sur la rive gauche et commence à longer les murailles tantôt bleues et rouges, tantôt rouges, du causse de Mende. Bientôt le Lot reçoit, à Badaroux, le *Pelgères*, puis le *Bouisset*, le *Rieucros d'Abaïsse;* ensuite il baigne Mende, chef-lieu du département (739 mètres d'altitude), se grossit du *Rieucros de Bergonte*, tourne au sud, entre les beaux escarpements des causses de Mende et de Changefège, traverse Balsièges où il est joint par le *ruisseau de Valdonnès*, qui draine les eaux des causses de Mende et de Balduc, grossi lui-même par le *Bramont* ou *Brémont*, augmenté de la *Nize*, qui passe près du monument romain de Lanuejols. Plus loin, le Lot, se butant contre les falaises du causse de Sauveterre, tourne à l'ouest-nord-ouest, dans la plus large vallée du département, entre le front sud du causse de Changefège et le front nord du causse de Sauveterre. Il arrose Barjac, où débouche le *Ginest*, contourne le singulier causse de la Roche, passe près de Cultures, à Esclanèdes (640 mètres), à Chanac (627 mètres), à Villard, à Salelles, et pénètre dans d'étroites et sinueuses gorges rocheuses, assez boisées, dont les méandres nécessitent la construction de ponts, de viaducs et de nombreux tunnels pour l'établissement du chemin de

Mende.

fer de Sévérac à Mende. Le Lot reçoit, près du hameau de Moriès, la Colagne ou Coulagne (*V.* ci-dessous), s'infléchit au sud en contre-bas de Montjezieu et se grossit, devant les bourgs de la Canourgue et de Banassac, de l'Urugne (*V.* ci-dessous). La rivière reprend ensuite sa direction générale est-ouest, et sort du département par 512 mètres d'altitude.

Le Lot traverse alors, dans de magnifiques gorges, une partie du département de l'Aveyron, se grossit, à Entraigues, de la *Truyère*, un de ses affluents lozériens d'origine, qui vient de drainer la Planèze, et, après avoir franchi, avec de nombreux méandres, les départements du Lot et de Lot-et-Garonne, se jette, par 22 mètres d'altitude, près d'Aiguillon, dans la Garonne, à laquelle il n'apporte que 10 mètres cubes d'eau par seconde à l'étiage; mais ses crues élèvent parfois son débit à plusieurs milliers de mètres cubes. Cours, 480 kilomètres.

La *Colagne* ou *Coulagne* naît dans les pâturages de la Margeride, au pied du Truc de Fortunio (1,543 mètres), passe à Rieutort-de-Randon, se grossit de la *Tartaronne*, baigne Ribennes, Recoules, Saint-Léger-de-Peyre où tombe la *Crueize*, reçoit le *Travel*, passe à Marvejols où lui arrive le *Colagnet*, à Chirac, Monastier, et se jette dans le Lot, par 600 mètres, en amont du hameau de Moriès (54 kilomètres).

L'*Urugne* n'a que 12 kilomètres de cours, mais elle apporte au Lot les eaux des magnifiques fontaines du pied du causse de Sauveterre, et elle reçoit, à la Canourgue, les eaux de la belle *fontaine de Saint-Frézal*.

La **Truyère**, qui se jette dans le Lot à Entraigues (Aveyron), est d'origine lozérienne, ainsi que son principal affluent, le Bès. Elle a ses sources sur le versant occidental de la Margeride, à 4 kilomètres de la Villedieu, près d'un « truc » de 1,486 mètres. Elle baigne la Villedieu, Serverette où elle reçoit la *Mézère*, se grossit du *Triboulin*, de la *Rimeize*, du *Limaniol*, passe au Malzieu (862 mètres), à Saint-Léger-de-Malzieu, et entre, près du château de Paladines, dans le département du Cantal, où, contournant la Planèze, elle reçoit, par sa rive gauche, de nombreux affluents lozériens : l'Arco-

Marvejols.

mie [1], le *Bès*, né dans les monts d'Aubrac, etc. La Truyère entre ensuite en Aveyron et vient doubler le volume d'eau du Lot par 240 mètres d'altitude. Cours, 175 kilomètres.

BASSIN DE LA LOIRE. — La **Loire**, qui prend sa source au Gerbier-de-Jonc, reçoit son affluent lozérien, l'Allier, à 6 kilomètres en aval de Nevers, et va se jeter dans l'Océan après un cours de 1,005 kilomètres, entre Saint-Nazaire et Paimbœuf.

L'**Allier** a ses sources à 1,423 mètres d'altitude, au pied du Maure-de-la-Gardille (1,501 mètres), qui, sur le versant opposé, donne naissance au Chassezac, sous-affluent du Rhône. Il traverse d'abord la forêt de Mercoire, se dirige à l'est, puis se redresse vers le nord, près de la station de la Bastide, reçoit le *Masméjan* (969 mètres) à Luc, puis l'*Espezonnette* (929 mètres), dont les sources sont voisines de celles de l'Ardèche, sépare l'Ardèche de la Lozère, passe à Langogne où il se grossit du *Langouyrou*, sépare la Haute-Loire de la Lozère, et, après 40 kilomètres de cours dans le département de la Lozère, entre dans la Haute-Loire et reçoit le *Chapeauroux*, par 750 mètres. Toute cette partie de la vallée de l'Allier, avec ses basaltes, ses défilés rocheux, est extrêmement pittoresque.

L'Allier traverse ensuite la Haute-Loire, le Puy-de-Dôme, l'Allier, et va se jeter dans la Loire, en aval de Nevers, après un cours de 375 kilomètres. Son débit à l'étiage n'est que de 17 mètres cubes par seconde; mais ses crues sont aussi terribles que celles de la Loire, et il a été souvent question, pour obvier aux irrégularités de son régime, de créer de nombreux réservoirs (35), emmagasinant, dans la Lozère et la Haute-Loire, une quantité totale de 286 millions de mètres cubes d'eau.

Le *Chapeauroux*, qui naît au pied du Truc de Randon,

---

1. L'Arcomie se jette dans la Truyère au pont de Garabic; c'est là qu'a été construit récemment le magnifique viaduc de Garabic, haut de 120 mètres, destiné au passage du chemin de fer de Neussargues à Marvejols.

(1,554 mètres), point culminant de la Margeride, est le principal affluent lozérien de l'Allier. Il passe à Arzenc-de-Randon, au pied de la montagne de Châteauneuf-de-Randon ; reçoit la *Boutaresse*, se grossit à Pierrefiche de la *Clamouze*, à Auroux du *Grandrieu*, et, après avoir traversé de pittoresques défilés, se jette dans l'Allier, par 735 mètres, près des limites des départements de la Lozère et de la Haute-Loire (46 kilomètres).

IV. — Climat.

Le département de la Lozère est coupé par le 44e degré de latitude ; il est donc un peu plus rapproché de l'Équateur que du Pôle. Situé presque au centre de la zone tempérée, il est séparé de l'Atlantique, à l'ouest, par une longue série de hauts plateaux ; de la Méditerranée, au sud, par le massif de l'Aigoual, et, au sud-est, par la grande ligne de partage des eaux des deux mers. Il participe des climats auvergnat et méditerranéen, ou plutôt de leurs défauts.

Lorsque les vents du sud et du sud-est lui apportent l'humidité de la Méditerranée, ils rencontrent, à l'Aigoual, les vents d'ouest desséchés par leur passage sur les plateaux, ou, sur l'axe des Cévennes, les vents du nord-ouest, et leurs chocs déterminent ces immenses abats d'eau dont la chute cause les crues subites et souvent effroyables de l'Ardèche, par le Chassezac ou par l'Altier, des Gardons ou de la Cèze, de l'Allier, du Tarn et du Lot.

D'après les observations de huit années, faites dans les quinze stations météorologiques du département, la tranche d'eau tombée annuellement dans la Lozère est, en moyenne, de 1^m,244 ; mais, si l'on prend la moyenne annuelle par bassin, on a 1^m,890 pour les stations méditerranéennes, 1^m,156 (Garonne) et 710 millimètres[1] (Loire), pour les stations océa-

---

1. En ne tenant pas compte de la station de Notre-Dame des Neiges, qui se trouve dans l'Ardèche et dont les chiffres sont très élevés.

niques. La moyenne générale pour la France étant de 0^m,700 environ, il semblerait que le climat de la Lozère est extrêmement pluvieux ; il n'en est rien. Sauf dans le nord du département, où il tombe moins de pluie que dans le reste du Gévaudan, mais où elle se répartit plus également, on peut dire, d'une manière générale, que sur les causses et dans les Cévennes il ne pleut pas du tout, ou il pleut trop.

Quant à la température, elle est en moyenne, à Mende, de + 9° 95 centigrades, c'est-à-dire inférieure à celle de Paris, qui est de + 10°,8 ; mais ce chiffre est loin de donner la moyenne du département. Au nord, dans la région de la montagne, il fait froid en toutes saisons ; à l'ouest-sud-ouest, sur les causses, l'hiver est sibérien et les étés brûlants ; à l'est-sud-est, dans les Cévennes, le climat varie suivant les pentes qui, de 1,702 mètres au pic Finiels, tombent à 200 mètres à la sortie des Gardons ; très chaud en bas, produisant le mûrier et l'olivier ; très froid en haut, dans la région des pâturages.

En résumé, le département de la Lozère est peut-être un des départements de la France où le climat des lieux habités est le plus froid en hiver. Sur 196 communes, il y en a 136 dont l'altitude s'élève de 800 à 1,320 mètres ; 7 communes seulement ont une altitude inférieure à 400 mètres, et encore nombre de communes situées dans les vallées tempérées du Tarn, du Lot, du Tarnon ou de la Jonte, à des cotes de 390 à 700 mètres, ont des hameaux considérables placés à des altitudes de 900 à 1,100 mètres.

V. — Curiosités naturelles.

Dans l'Aigoual et dans la chaîne de la Lozère, plusieurs pics offrent de fort beaux *panoramas;* tels sont : les pics de l'Hort-Dieu (1,567 mètres), l'un des plus beaux observatoires de la France, le signal des Laubies (1,660 mètres) ; le Roc Malpertus (1,683 mètres) ; le signal de Saint-Maurice-de-Ventalon (1,354 mètres), le signal du Tarnon (1,097 mètres) ;

tous ces sommets sont d'un accès facile. Il en est de même du collet de Villefort, du col de Montmirat et surtout de la Can de l'Hospitalet.

Les *gorges du Tarn* sont sublimes ; celles du Lot, de la Jonte et du Tarnon, les gorges rocheuses et ensoleillées des Gardons, de l'Altier, du Chassezac, les gorges de la Truyère, du Bès, du Chapeauroux, de l'Allier, sont aussi fort belles.

Le monolithe du *causse Méjean*, l'immense désert du *causse de Sauveterre* ont été décrits ci-dessus, ainsi que leurs « avens », leurs falaises gigantesques, et les merveilleuses fontaines qui sourdent à leurs pieds.

Il existe cinq petits *lacs* dans les montagnes d'Aubrac. Partout dans la Margeride, dans l'Aubrac et dans la chaîne de la Lozère se rencontrent des *cascades*, dont les plus connues sont celles de Runes, de Combesourde, de Saint-Amans, etc. Quant aux grottes, aux échos, etc., ils sont innombrables.

VI. — Histoire.

Les races préhistoriques ont laissé de nombreuses traces de leur existence dans les causses lozériens, où sont épars de magnifiques dolmens et sur les parois desquels sont creusées des cavernes habitées par des hommes qui se servaient d'armes et d'outils en pierre. Grottes et dolmens ont été pour la plupart fouillés avec soin : les grottes de Nabrigas, de Meyrueis, de l'Homme-Mort, des Baumes-Chaudes, etc., sont aujourd'hui bien connues, ainsi que les mégalithes de l'Aumède, de Marconnières, de la Tieule, etc. Des recherches pratiquées dans le département de la Lozère par plusieurs savants et surtout par MM. les docteurs Prunières et Paul Broca, il est résulté plusieurs renseignements très curieux qui, un jour, s'ils peuvent être établis au moyen de preuves plus nombreuses, jetteront une lueur sur l'histoire probable de nos ancêtres.

Les premières indications historiques relatives aux peuples de la Lozère se trouvent dans les *Commentaires* de César.

Au temps de la conquête, le pays était occupé par les Gabales, clients des Arvernes. Il est probable que déjà ce peuple avait rencontré les Romains, lorsqu'en 121 avant notre ère, Bituit, roi de la grande confédération des Arvernes, qui s'étendait jusqu'aux pays des Volces Tectosages et Arécomiques, fut vaincu près du Rhône par Q. Fabius Maximus. A la suite de cette victoire, les Romains occupèrent la Province ou Narbonnaise. Au dire de quelques historiens, ils auraient franchi les Cévennes et porté leurs limites au lit du Tarn ; mais il est plus probable qu'ils se bornèrent à garder les passages du versant méridional des Cévennes, et qu'ils ne pénétrèrent pas dans le pays des Gabales.

Lors des campagnes de César, les Gabales, clients dévoués des Arvernes, furent chargés de contenir les Helviens, alliés des Romains, et ils concoururent, avec les Vellaves et les Cadurques, à former, en l'an 52, le contingent de 35,000 hommes envoyé par les Arvernes au secours de Vercingétorix assiégé dans Alise. Soumis comme les autres peuples de la Gaule, ils furent, en l'an 27 avant notre ère, au nombre des quatorze peuples de la Celtique qu'Auguste réunit à la Novempopulanie pour la formation de la première Aquitaine.

Deux grandes voies, tracées par les Césars et dont il reste de nombreuses traces, traversèrent le pays des Gabales, dont la capitale, *Anderitum*, prit le nom de *Civitas Gabalòrum* (Javols) : l'une, la voie d'Agrippa, qui allait de Lyon à Toulouse, le coupait du nord-est au sud-ouest ; l'autre, la voie Regordane, attribuée au règne de Gordien, se dirigeait de Nîmes vers l'Auvergne, longeait la limite orientale du département actuel de la Lozère, et passait à *Condate*, près du confluent du Chapeauroux et de l'Allier. La Regordane fut, pendant longtemps, avec la *Grande-Draye* des troupeaux de transhumance, la seule grande voie de communication du Gévaudan.

Le tombeau romain de Lanuejols, les inscriptions et les débris trouvés à Javols, quelques cippes, des vestiges de thermes à Bagnols-les-Bains, de nombreuses médailles trouvées à Allenc, à Javols, à Grèzes, dans toute la vallée du Lot, etc., sont, avec les intéressantes poteries rouges de Banassac et de la Canourgue, les traces les plus remarquables laissées dans ce pays par l'occupation romaine.

Strabon vante les mines d'argent des Gabales, et l'on a reconnu à Vialas et ailleurs des vestiges d'exploitation fort ancienne. En outre, d'après Pline, le fromage du mont Lozère aurait été fort recherché à Rome, quoiqu'il se conservât peu de temps.

Tombeau de Lanuejols.

On ne sait à quelle époque le christianisme fut annoncé dans ce pays. En 314, le diacre Génialis, de la cité des Gabales, assista au concile d'Arles, et l'évêque saint Séverien, disciple de saint Martial, a été désigné quelquefois comme ayant été le premier évêque des Gabales ; mais il semble que le premier évêque dont l'existence soit historique est saint Privat.

En 408, les Vandales et d'autres peuples barbares, qui venaient de dévaster l'Auvergne, pénétrèrent chez les Gabales, s'emparèrent de la capitale, Javols, assiégèrent vainement le *Castrum Gredonense* (Grèzes), puis, en se retirant massacrèrent l'évêque saint Privat. Le tombeau du martyr devint bientôt un lieu de pèlerinage auprès duquel vinrent se fixer les habitants de Javols; ainsi se forma bientôt la ville de Mende, qui devint le siège de l'évêché du Gévaudan.

Le Gévaudan appartint jusqu'en 472 à l'empire romain. Vers cette époque, le préfet des Gaules, Séronat, ayant commis de grandes exactions, le mécontentement des habitants permit à Euric, roi des Wisigoths, de se rendre facilement maître de tout le pays, dont il confia le commandement au duc Victorius, qui résidait à Clermont.

En 507, les Wisigoths sont écrasés à Vouillé par Clovis, et le Gévaudan, soumis par les Francs, fait partie, en 511, des cités de la première Aquitaine réunies au royaume d'Austrasie. En 561, Sigebert d'Austrasie donne l'office de comte du Gévaudan à Palladius, dont les démêlés avec l'évêque Parthénius ont été racontés par Grégoire de Tours. Plus tard, en 584, le comte Innocentius fait assassiner saint Louvent, abbé de Saint-Privat.

Le Gévaudan suivit les vicissitudes des partages faits entre les princes mérovingiens. Sous le règne de Clotaire II (613-628), se place la légende de la princesse Énimie, fille de ce roi (?) et sœur de Dagobert : ayant été affligée d'une lèpre hideuse, un ange lui apparut et lui dit d'aller se baigner dans les eaux de la fontaine de Burle, au pays des Gabales. La princesse obéit, fut guérie, et, se retirant du monde, fonda, sur les rives du Tarn, un monastère où elle mourut en 628. Ce monastère, connu plus tard sous le nom de Sainte-Énimie, rétabli en 951 par l'évêque Étienne, ne dépendait ni du roi, ni de l'évêque, et peut être considéré comme étant de fondation royale.

En 688, Eudes, duc d'Aquitaine, avait réuni le Gévaudan à ses états. En 732, lors de la grande irruption des Sarrasins, ceux-ci y pénétrèrent, ravagèrent le pays et achevèrent la ruine de Javols ; mais, écrasés bientôt après, à la grande bataille de Poitiers, ils ne purent fonder aucun établissement. En 767, Pépin, qui venait de détruire le royaume aquitain de Toulouse, réunit le Gévaudan à ses domaines. Ce comté passa ensuite à son fils Charles, le futur Charlemagne, à qui la tradition locale attribue la fondation de l'église de Notre-Dame de Val-Francesque, construite, dit-on, en souvenir d'une victoire remportée par son neveu Roland sur les Sarrasins à Moissac (Fesc-Roland).

On sait fort peu de chose des comtes de Gévaudan. Grèzes était la capitale du comté, Mende appartenant aux évêques. En 1011, on trouve un Pons comte de Gévaudan et de Forez ; après la mort sans héritier de ses deux fils Étienne et Pons, le titre passe dans la maison des comtes d'Auvergne.

Les évêques s'étaient qualifiés d'abord du titre d'évêque des Gabales ; le titre d'évêque de Mende paraît pour la première fois en 951, sous l'épiscopat d'Étienne Ier, sur le conseil de qui un Étienne, vicomte de Gévaudan, fonda, en 998, un monastère à Langogne. Il semble que déjà les évêques jouissaient d'une partie du pouvoir temporel, car lorsque la vicomté de Gévaudan, réunie à la vicomté de Millau, eut passé par héritage aux rois d'Aragon, on vit ces princes ne pas hésiter à reconnaître l'évêque comme suzerain temporel de la vicomté.

C'étaient là de puissants vassaux, et peut-être ce voisinage redoutable contribua-t-il à décider l'évêque Adelbert III le Vénérable à se rendre à Paris, en 1161, pour se soumettre à la suzeraineté de Louis VII, roi de France. Ce prince accepta l'hommage et fit délivrer à l'évêque la célèbre charte, dite la *Bulle d'Or*, le premier et le principal fondement de l'autorité temporelle des évêques de Mende.

Adelbert, de retour à Mende, fit entourer la ville d'une muraille. Dès lors, les relations entre la cour de France et le Gévaudan devinrent assez fréquentes, et c'est un seigneur du comté, le chevalier du Temple Guérin, évêque nommé de Senlis, qui, commandant une partie des troupes françaises à la bataille de Bouvines (1214), rangea les combattants de telle sorte que les Français eussent le soleil à dos. Plus tard, il fut chancelier de France.

En 1218, pendant la guerre des Albigeois, qui n'atteignit pas le Gévaudan, le légat du pape remit la vicomté de Grèzes entre les mains de l'évêque de Mende, et lorsque cette seigneurie fut restituée au roi d'Aragon, ce dernier en fit hommage (1225) à l'évêque. En 1258, le traité de Corbeil ayant donné à Louis IX tous les droits et domaines que le roi d'Aragon possédait au nord des Pyrénées (sauf le Roussillon et le Val d'Aran), saint Louis devint vicomte de Grèzes, et le roi, ne pouvant rendre hommage à son vassal, échangea contre quelques biens la suzeraineté complète de la vicomté, qui fut réunie alors à la sénéchaussée de Beaucaire.

En 1306, sous Philippe le Bel, la situation des deux parties fut définitivement réglée par un acte de paréage entre le roi et l'évêque Guillaume Durand II. Le roi, dans cet acte, associe l'évêque à tous ses droits et lui reconnaît le titre de comte de Gévaudan. Cet acte de paréage a régi le comté de Gévaudan jusqu'en 1789 ; mais peu à peu les droits de l'évêque subirent de grandes modifications, et le comté de Gévaudan devint en réalité une des provinces du gouvernement de Languedoc.

Lorsque les États de Languedoc furent constitués, le Gévaudan y envoya des députés ; mais le comté conserva ses États particuliers [1] sous la présidence de l'évêque de Mende, comte de Gévaudan.

Au milieu du quatorzième siècle, l'Église et comté de Gévaudan eut à sa tête un pape, Guillaume de Grimoard, né à Grizac. Après avoir été abbé de Saint-Germain d'Auxerre et de Saint-Victor de Marseille, il fut élu pape, quoique n'étant pas cardinal, et intronisé le 6 novembre 1362, sous le nom d'Urbain V. L'évêché de Mende étant vacant, il en prit la

---

1. La première convocation des États eut lieu le 25 août 1360, en vue d'aider les habitants de Saint-Flour et d'Aurillac à chasser les Anglais, qui ravageaient l'Auvergne et le Gévaudan.

direction et le fit régir par un grand vicaire. La cathédrale fut reconstruite à ses frais ; il la dota d'une remarquable sonnerie, fit construire les collégiales de Bedouès et de Quézac, et, ne cessant de s'occuper de ses compatriotes, fonda à Montpellier un collège pour 12 étudiants en médecine natifs du diocèse de Mende.

La peste noire fit de grands ravages dans le Gévaudan vers 1348, « l'année de la grande mortalité ».

Lors de la désastreuse guerre de Cent-ans, le Gévaudan ne fut pas au nombre des provinces cédées à l'Angleterre par le traité de Brétigny ; mais les routiers anglais qui ravageaient l'Auvergne se jetèrent sur le comté ; une première fois on réussit à les éloigner moyennant une somme de 6,000 francs d'or accordée par les États du pays, mais bientôt ils revinrent à la charge et s'emparèrent de Châteauneuf-de-Randon, de Balsièges, d'Aumont, de Chirac, de Nasbinals, de Grèzes et de Montrodat ; Marvejols leur résista : les habitants commandés, croit-on, par Olivier de Mauny, un des lieutenants du connétable Du Guesclin, les repoussèrent vigoureusement. Près de Chirac est un lieu appelé encore: *Cimetière des Anglais.* A la même époque, les Anglais ayant attaqué Saint-Chély-d'Apcher furent repoussés après un combat sanglant : une petite croix de pierre s'élève à l'endroit où se livra le combat ; on l'appelle la *Croix des Anglais.*

En 1380, le connétable vint, avec l'aide des populations du Gévaudan, du Velay, etc., mettre le siège devant Châteauneuf-de-Randon, la principale place d'armes des routiers anglais. Après une assez vive résistance, le capitaine anglais consentit à rendre la forteresse si, dans un délai de quinze jours, il ne recevait pas de secours. Dans l'intervalle, mourut Bertrand Du Guesclin, déjà malade au commencement du siège.

Les Anglais, ayant appris la mort du connétable, refusèrent de rendre la place à l'expiration de l'armistice ; le maréchal Louis de Sancerre les menaça aussitôt de faire mettre à mort les otages, et les routiers anglais furent obligés de déposer les clefs de la ville sur le cercueil de l'illustre capitaine.

Les Anglais ne furent entièrement chassés du comté que vers 1387.

Malgré les exactions du duc de Berry, gouverneur de Languedoc, le Gévaudan resta fidèle au roi de France, et il aida de ses subsides et de ses hommes d'armes le dauphin Charles.

La peste, les disettes, les passages de troupes indisciplinées, qui achevaient de ruiner la province, sont, avec les disputes entre l'évêque et les habitants de la ville de Mende qui voulaient nommer directement leurs consuls, les seuls évènements à noter en Gévaudan, du règne de Charles VII à la seconde moitié du seizième siècle. Le comté était en réalité une partie du gouvernement de Languedoc et il en suivait toutes les vicissitudes.

La Réforme semble avoir fait des progrès assez rapides dans les Cévennes et dans le Gévaudan royal. Ce fut, il est vrai, seulement en 1563 que Marvejols ouvrit ses portes à Théodore de Bèze, le célèbre disciple de Calvin; mais déjà en 1562 cette ville avait envoyé des secours au baron d'Alais qui, à la tête des protestants cévenols, avait pillé la riche collégiale de Quézac, occupé un instant Mende et massacré une partie de la population de Chirac, puis s'était retiré devant les forces des seigneurs catholiques. Dès lors le Gévaudan fut dévasté tour à tour par les protestants et par leurs adversaires.

De 1572 à 1580 eut lieu la « cruelle guerre » de Mathieu de Merle, habile chef de partisans protestants qui, pendant cette période, fut la terreur du comté.

En 1578, la peste ayant fait périr 2,000 personnes à Mende, Merle résolut de profiter de la dépopulation de la ville ; il noua des intelligences avec quelques habitants, et dans la nuit de Noël, le 25 décembre 1579, il pénétra par escalade dans la place avec cinq cents partisans. Pendant trois jours on tua et on pilla ; la cathédrale fut saccagée et en partie brûlée, les cloches, y compris la « *Non-Pareille* » qui passait pour une des plus belles cloches de la chrétienté, furent brisées, et on se servit du métal pour fondre des canons.

Le massacre de Mende et toutes les horreurs commises par

Le gouverneur déposant les clefs de Châteauneuf-de-Randon sur le cercueil de Du Guesclin.

les huguenots eurent un tel retentissement dans le Midi, que Châtillon, commandant du Bas-Languedoc pour le roi de Navarre, voulut mettre fin à ces brigandages. Il réussit à s'emparer de Mende ; mais bientôt Merle rentra dans la ville, qu'il tenait encore lors de la paix de 1580. Il ne consentit à sortir de Mende qu'après avoir reçu un don de 6,500 écus, et de 40 mulets pour transporter ses bagages personnels. En outre, il acheta les baronnies de Salavas et de la Gorce en Vivarais, au prix de 8,000 écus, dont le payement fut garanti par les États de Gévaudan.

Marvejols et plusieurs autres places étaient restées entre les mains des réformés. A plusieurs reprises, les États supplièrent Henri III de venir à leur secours, lui représentant que 200 villages avaient été brûlés et dévastés dans les guerres et que le comté était hors d'état de lever et de payer des gens de guerre.

En 1586, le duc de Joyeuse, chargé par Henri III d'agir contre les religionnaires de l'Auvergne, du Velay, du Gévaudan et du Rouergue, réunit en Bourbonnais une armée de 8,000 fantassins et de 800 chevau-légers et marcha, au mois d'août, sur le Gévaudan. Il enlève le Malzieu, Saint-Chély, laisse de côté le formidable château de Peyre et se présente le 13 août devant Marvejols, à moitié dégarni de troupes. La Roche, capitaine des protestants, se défendit avec vigueur, mais, le 22 août, il dut capituler. Les clauses de la capitulation furent indignement violées ; la garnison fut massacrée, la ville livrée au pillage et à l'incendie, la population passée au fil de l'épée.

Il fallut un siège de trois jours et 2,200 ou 2,500 coups de canon pour réduire le château de Peyre, défendu par 30 à 40 soldats. L'armée royale passa ensuite dans le Rouergue.

Le Gévaudan se montra plutôt royaliste que ligueur, et, après l'avènement d'Henri IV, le duc de Joyeuse dut faire construire une citadelle à Mende pour maintenir le pays dans le parti de la Ligue. En 1597, le comte de Montmorency-Fosseuse, protestant et gouverneur du Gévaudan pour le roi, occupait cette forteresse ; il ne consentit à la rendre que moyennant la promesse d'un don de 100,000 livres, faite par les États du Gévaudan. La forteresse fut démantelée.

Peu à peu les plaies se cicatrisèrent. Henri IV aida les habitants de Marvejols à relever leur cité et en fit la place de sûreté des Calvinistes dans le pays. La paix rentra dans les esprits, et lorsque, sous Louis XIII, le duc de Rohan souleva les protestants du Midi, le Gévaudan resta fidèle au roi. Il en fut de même lors de l'échauffourée de Gaston d'Orléans.

En 1633, à la suite de cette révolte, Louis XIII partagea le gouvernement du Languedoc en trois lieutenances générales : Haut-Languedoc, Bas-Languedoc et Cévennes. Cette dernière lieutenance comprenait le Gévaudan, le Vivarais et le Velay.

Le comté fit peu parler de lui jusqu'à la révocation de l'édit de Nantes (1685). Ce fut surtout dans les Cévennes, dans les colloques de Saint-Germain-de-Calberte (Gévaudan), d'Alais et d'Anduze, que se montrèrent les suites funestes de cet acte impolitique. L'intendant de Languedoc, Lamoignon de Bâville, administrateur remarquable, comprit ce qu'il y avait de factice dans ces conversions obtenues par l'éloquence des dragons. Il se garda en conséquence. Il obtint des États particuliers du Gévaudan l'argent nécessaire pour ouvrir vingt-deux chemins royaux, larges de 15 pieds, pouvant porter de l'artillerie, et un abonnement de 1,400 livres par an pour leur entretien ; puis il organisa, dans le comté et dans tout le Languedoc, cinquante-deux régiments de milice, composés exclusivement d'anciens catholiques, et toujours prêts à marcher au premier ordre. Ce n'étaient pas, dit-il, d'excellentes troupes ; mais elles étaient supérieures à des levées tumultuaires. En outre, en 1689, il obtint l'autorisation de faire bâtir des citadelles à Nîmes, Alais et Saint-Hippolyte-du-Fort, et il fit mettre des postes dans plusieurs châteaux pour contenir le pays.

De plus, convaincu que trop presser les nouveaux convertis c'était les forcer à commettre des sacrilèges, et qu'on ne peut établir la religion que par la persuasion, il contribua à faire créer l'évêché d'Alais (1694). Déjà l'abbé de Langlade du Chayla, ancien missionnaire à Siam, avait été nommé inspecteur des missions des Cévennes et chargé de ramener au catholicisme les nouveaux convertis. Le choix n'était pas heureux, l'abbé du Chayla étant un caractère énergique, mais rigide et sans mesure.

En 1697, la réunion à l'Église catholique fut complète : Marvejols, Saint-Léger-de-Peyre, etc., se convertirent sans esprit de retour. Mais il n'en était pas ainsi dans le sud du comté ni dans les Cévennes : les Cévenols, austères, honnêtes et rigides protestants, avaient les mêmes qualités et les mêmes défauts que l'abbé du Chayla, et un choc était inévitable. Les dénonciations du missionnaire à l'intendant, son ardeur à poursuivre les malheureux qui cherchaient à fuir l'oppression, exaspérèrent les populations. Au mois de juillet 1702, six protestants et un guide, qui se rendaient à Genève, furent faits prisonniers et conduits par lui au Pont-de-Montvert. C'était la mort pour le guide et les galères pour les voyageurs. Le pays s'émut, on fit supplier l'abbé d'user d'indulgence.

Le 22 juillet, à la foire de Barre-des-Cévennes, quelques protestants se donnèrent rendez-vous à Saint-Maurice-de-Ventalon. Le 23 eut lieu la réunion dans le bois d'Altefage, et, le 24 juillet 1702, une troupe de 200 hommes environ descendit à 10 heures du soir au Pont-de-Montvert, délivra les prisonniers et massacra l'abbé du Chayla. C'était le premier acte de la célèbre guerre des Camisards.

Il serait trop long de suivre tous les faits de cette guerre de guerillas, pendant laquelle quelques milliers de montagnards mal armés, sans argent, sans provisions, surent tenir en échec une partie des forces du royaume. Camisards noirs, protestants, Cadets de la Croix ou Camisards blancs, catholiques, tuèrent et brûlèrent avec une égale férocité. Mais la contre-guerilla des Cadets de la Croix réussit pourtant à se montrer encore plus féroce que les Camisards. Bientôt ces bandits furent aussi redoutés des catholiques que des protestants, et le maréchal de Villars finit par en faire pendre un assez grand nombre.

Plusieurs fois les troupes régulières subirent de graves échecs; les Camisards, conduits par des chefs habiles, Cavalier, Roland, etc., eurent la sagesse de se tenir toujours dans la montagne et de ne faire que des pointes dans le plat pays. Des cavernes, connues d'eux seuls, leur servaient de magasins et d'hôpitaux; prévenus sous main de chaque mouvement des chefs catholiques de Broglie, Julien, Poul, etc., ils profitaient de toutes les occasions et se laissaient rarement surprendre, tandis que le maréchal de Montrevel, qui trouvait cette guerre au-dessous de la dignité d'un maréchal de France, temporisait à Alais.

Déjà on avait brûlé ou coupé une partie des forêts du Gévaudan, pour enlever leurs abris aux révoltés. En 1703, on fit mieux : par ordre de la cour, le brigadier Julien fit évacuer par les habitants et détruisit ensuite par le fer et par le feu 199 villages ou hameaux dépendant de 31 communautés des Cévennes appartenant presque en totalité au Gévaudan. Cette destruction systématique, qui avait pour but de priver de toutes ressources les Camisards et de les forcer à mettre bas les armes, gagna, au contraire, à leur cause, de nombreux partisans.

En 1704, le maréchal de Montrevel fut rappelé, et le maréchal de Villars fut choisi par Louis XIV pour aller terminer cette guerre entre une poignée de montagnards et toute une armée. Dès son arrivée dans la province, le maréchal partit en tournée avec l'intendant de Bâville. Partout il annonça qu'il venait en pacificateur, promettant le pardon à ceux qui se soumettraient, et la mort par le fer et le feu à ceux qui s'opiniâtreraient dans la résistance.

Le plus intelligent, le plus habile des chefs camisards, Jean Cavalier, consentit d'abord à des pourparlers; puis, le 16 mai 1704, sur l'invitation du maréchal, il se rendit à Nîmes. Villars fut étonné de l'intelligence, de la présence d'esprit et des qualités réelles de ce jeune partisan sans instruction première; de son côté, Cavalier, qui se rendait compte de l'impossibilité pour quelques milliers de montagnards de résister à un chef d'armée tel que Villars, fit sa soumission et reçut un brevet de colonel du régiment protestant.

La soumission de Cavalier désorganisa la résistance.

Roland, l'un des chefs, fut tué; plusieurs dépôts de munitions furent découverts; on facilita la fuite de ceux qui ne voulurent pas se soumettre, et, à la fin de 1704, le maréchal de Villars put revenir à Paris; la guerre des Camisards était terminée. Elle avait, dans le Gévaudan, coûté la vie à environ 15,000 personnes.

En 1721, un autre fléau, la peste, décima le pays. Cinq à six mille personnes périrent.

De 1764 à 1767, un loup de grande taille jeta la terreur dans la région, où il est resté légendaire sous le nom de « bête du Gévaudan ». Plus de 100 personnes, enfants, femmes et vieillards, furent tuées et à moitié dévorées. Après de nombreuses battues, le baron d'Apchier parvint à en débarrasser le pays.

L'un des députés du Gévaudan aux États généraux de 1789, Charrier, fut l'un des chefs royalistes qui tentèrent de soulever le midi de la France. Il marcha sur Mende, l'occupa un instant et remporta d'abord quelques succès sur les troupes républicaines; mais, n'ayant pas l'espérance d'être soutenu, il licencia bientôt sa petite armée, et lui-même ayant été fait prisonnier, fut conduit à Rodez, condamné à mort le 16 juillet 1793 et exécuté.

VII. — Personnages célèbres.

Cinquième siècle. — SAINT PRIVAT, évêque des Gabales, massacré par les barbares, au mont Mimat. Son tombeau fut le berceau de la ville de Mende.

Douzième siècle. — ADELBERT DU TOURNEL, évêque de Mende, fit, en 1161, hommage du comté de Gévaudan au roi Louis VII et obtint de lui la charte appelée la *Bulle d'Or*. Adelbert fit entourer de murailles la ville de Mende.

Treizième siècle. — Guérin, chevalier du Temple, de la maison du Tournel, prit part en 1214 à la bataille de Bouvines, où il combattit, un maillet à la main, à la tête des milices communales. Il fut nommé évêque de Senlis et chancelier de France, mais il se retira, sur la fin de ses jours, à l'abbaye de Chaalis. Ce fut sur son avis que fut établi le *Trésor des chartes*. Il mourut en 1230.

Quatorzième siècle. — Guillaume de Grimoard (1309-1370), né au château de Grizac, fut couronné pape le 6 novembre 1362, sous le nom d'Urbain V. Il gouverna l'Église avec beaucoup de sagesse et mourut en odeur de sainteté. — Guillaume Bragose, né en Gévaudan, fut un des plus grands canonistes du quatorzième siècle. Il devint cardinal en 1361 et mourut en 1368. — Gui de Chauliac, médecin, né à Chauliac, auteur d'un *Corps de chirurgie* très renommé. Il publia aussi une description de la peste noire de 1348.

Dix-huitième siècle. — Molin dit du Moulin, célèbre médecin, l'un des plus grands praticiens de Paris au dix-huitième siècle. — Jean-Baptiste l'Ouvreleul, né à Mende, entra dans les ordres et fut curé de Saint-Germain-de-Calberte. On lui doit plusieurs ouvrages recommandables surtout par leur sincérité : *Le Fanatisme renouvelé* (histoire de la guerre des Camisards) et des *Mémoires historiques sur le pays de Gévaudan*, sans date. — Marc-Antoine Charrier, né à Nasbinals, fut député du tiers état en 1789. Rentré dans le département de la Lozère, il devint le chef des royalistes qui se soulevèrent contre la Convention (*V*. p. 44).

Dix-huitième et dix-neuvième siècle. — Jean-Antoine-Claude Chaptal (1756-1832), né à Nojaret, commune de Badaroux, savant chimiste et homme d'État. Il fut pendant la Révolution chargé de diriger à Paris la fabrication du salpêtre et de la poudre. Membre de l'Institut dès l'origine, il devint ministre de l'Intérieur sous l'Empire, etc. Homme de génie et homme de bien, Chaptal a doté la France de nombreuses industries nouvelles. — JEAN-JOSEPH-MARIE IGNON, né à Mende (1772-1857), imprimeur et savant, a publié de nombreuses notices sur le Gévaudan et ses antiquités. — CAMILLE-HYACINTHE-ODILON BARROT (1791-1873), né à Villefort, homme d'État et publiciste. — LOUIS-JEAN-BAPTISTE D'AURELLE DE PALADINES (1804-1877), né au Malzieu; général de division, il se signala en Afrique et pendant la guerre de Crimée. Admis dans le cadre de réserve en 1869, il reprit du service pendant la guerre de 1870 et fut appelé au commandement de la première armée de la Loire. Par le succès qu'il remporta à Coulmiers (9 novembre), il contraignit les Allemands à abandonner Orléans; mais la capitulation de Metz rendit à l'ennemi des forces considérables. Orléans fut repris après la défaite de Beaune-la-Rolande, et le général de Paladines dut se retirer en Sologne avec son armée, découvrant ainsi Tours. Il donna sa démission et refusa ensuite de reprendre du service. Il fut envoyé comme député par deux départements à l'Assemblée nationale.

VIII.—Population, langues, cultes, instruction publique.

La *population* de la Lozère s'élève, d'après le recensement de 1876, à 138,319 habitants (69,507 du sexe masculin et 68,812 du sexe féminin). C'est 3,129 habitants de plus qu'en 1872, mais le recensement de 1806 donnait un chiffre de 143,247 habitants; la population de la Lozère a donc diminué depuis le commencement du siècle, et elle est de beaucoup inférieure à celle indiquée par l'intendant Lamoignon de Bâville en 1696 (environ 150,000). Deux départements seulement en France sont moins peuplés: les Hautes-Alpes et les Basses-Alpes. La *population spécifique* (le chiffre des habitants divisé par celui des hectares) du département est de 26,7 habitants par kilomètre carré, tandis que pour la France entière, le chiffre est de 69 à 70 habitants pour la même surface. Cette dépopulation tient à la pauvreté du pays, et surtout au voisinage des mines d'Alais, de la Grand-Combe et de Bessèges (Gard).

Les habitants parlent un dialecte de langue d'oc qui dans le nord se rapproche de l'auvergnat.

La majorité de la population est catholique, mais malgré les persécutions et les guerres, le nombre des protestants s'est maintenu, tandis que celui des catholiques diminuait. En 1696, de Bàville comptait 128,464 catholiques et 18,203 nouveaux convertis; en 1876, il y avait 21,000 protestants et 117,319 catholiques.

Le nombre des *naissances* a été en 1879 de 4,408 (plus 173 mort-nés); celui des *décès*, de 3,186; celui des *mariages*, de 1,012.

La *vie moyenne* est de 38 ans six mois.

Le *collège* de Mende a compté en 1880, 208 élèves; l'*institution d'enseignement secondaire libre* de Langogne, 108; 786 *écoles primaires*, 27,258 élèves; 10 *salles d'asile*, 1,184; 265 *cours d'adultes*, 5,019. Signalons aussi l'*école normale* et le *cours normal* de Mende.

Une Société d'agriculture, industrie, sciences et arts du département de la Lozère existe à Mende depuis 1827. Outre ses bulletins et de très intéressants mémoires, elle publie une série de documents inédits, relatifs à l'histoire du Gévaudan.

Sur 23 accusés de crime en 1877, on a compté:

```
Accusés ne sachant ni lire ni écrire . . . . . . . . . .   8
   —     sachant lire et écrire . . . . . . . . . . . .  14
   —     ayant reçu une instruction supérieure . . . . .   1
```

IX. — Divisions administratives.

Le département de la Lozère forme le diocèse de Mende (suffragant d'Albi); — la 5e subdivision (avec l'arrondissement de Millau, Aveyron) de la 16e région militaire (Montpellier). — Il ressortit : à la cour d'appel de Nîmes; — à l'Académie de Montpellier; — à la 25ᵉ légion de gendarmerie (Montpellier); — à la 8ᵉ inspection des ponts et chaussées; — à la 27ᵉ conservation des forêts (Nîmes); — à l'arrondissement minéralogique d'Alais (division du sud-est). Il comprend trois arrondissements (Florac, Marvejols, Mende), 24 cantons, 196 communes.

Chef-lieu du département : MENDE.

Chefs-lieux d'arrondissement : FLORAC, MARVEJOLS, MENDE.

Arrondissement de Florac (7 cant., 52 com., 36,331 h., 168,835 hect.).
Canton de Barre (8 com., 4,562 h., 20,135 hect.). — Barre — Bassurels — Cassagnas — Gabriac — Molezon — Pompidou (le) — Sainte-Croix — Saint-Julien-d'Arpaon.
Canton de Florac (9 com., 7,859 h., 29,392 hect.). — Bedouès — Bondons (les) — Cocurès — Florac — Ispagnac — Rousses — Saint-Laurent-de-Trèves — Salle-Prunet (la) — Vebron.
Canton du Massegros (5 com., 1,898 h., 15,936 hect.). — Massegros (le) — Recoux (le) — Saint-Georges-de-Lévejac — Saint-Préjet-du-Tarn — Saint-Rome-de-Dolan.
Canton de Meyrueis (7 com., 3,888 h., 28,367 hect.). — Fraissinet-de-Fourques — Gatuzières — Hures — Meyrueis — Parade (la) — Rozier (le) — Saint-Pierre-des-Tripiers.
Canton du Pont-de-Montvert (6 com., 5,636 h., 24,086 hect.).— Fraissinet-de-Lozère — Pont-de-Montvert (le) — Saint-Andéol-de-Clerguemort — Saint-Frézal-de-Ventalon — Saint-Maurice-de-Ventalon — Vialas.
Canton de Sainte-Énimie. (6 com., 3,763 h., 24,168 hect.). — Malène (la) — Montbrun — Prades — Quézac — Saint-Chély-du-Tarn — Sainte-Énimie.
Canton de Saint-Germain-de-Calberte (11 com., 8,745 h., 26,761 hect.). — Collet-de-Dèze (Le) — Moissac — Saint-André-de-Lancize — Saint-Étienne-Vallée-Française — Saint-Germain-de-Calberte — Saint-Hilaire-de-Lavit — Saint-Julien-des-Points — Saint-Martin-de-Boubaux — Saint-Martin-de-Lansuscle — Saint-Michel-de-Dèze — Saint-Privat-de-Vallongue.

Arrondissement de Marvejols (10 cant., 79 com., 52,232 h., 170,127 hect.).
Canton d'Aumont (6 com., 4,403 h., 15,329 hect.). — Aumont — Chaze (la) — Fau-de-Peyre (le) — Javols — Sainte-Colombe-de-Peyre — Saint-Sauveur-de-Peyre.
Canton de la Canourgue (9 com., 5,824 h., 19,900 hect.). — Auxillac — Banassac — Canilhac — Canourgue (la) — Capelle (la) — Laval-du-Tarn — Montjézieu — Saint-Saturnin — Tieule (la).
Canton de Chanac (6 com., 3,842 h., 12,816 hect.).— Barjac — Chanac — Cultures — Esclanèdes — Salelles (les) — Villard (le).
Canton de Fournels (11 com., 4,433 h., 18,521 hect.). — Albaret-le-

DIVISIONS ADMINISTRATIVES.

Comtal — Arzenc-d'Apcher — Brion — Chauchailles — Fage-Montivernoux (la) — Fournels — Grandvals — Noalhac — Saint-Juéry — Saint-Laurent-de-Veyrès — Termes.

Canton du Malzieu-Ville (9 com., 4,843 h., 16,042 hect.). — Chaulhac — Julianges — Malzieu-Forain (le) — Malzieu-Ville (le) — Paulhac — Prunières — Saint-Léger-du-Malzieu — Saint-Pierre-le-Vieux — Saint-Privat-du-Fau.

Canton de Marvejols (11 com., 9,390 h., 21,085 hect.). — Antrenas — Buisson (le) — Gabrias — Grèzes — Marvejols — Montrodat — Palhers — Recoules-de-Fumas — Saint-Bonnet-de-Chirac — Saint-Laurent-de-Muret — Saint-Léger-de-Peyre.

Canton de Nasbinals (5 com., 2,975 h., 18,177 hect.). — Malbouzon — Marchastel — Nasbinals — Prinsuéjols — Recoules-d'Aubrac.

Canton de Saint-Chély-d'Apcher (9 com., 5,612 h., 16,144 hect.). — Albaret-Sainte-Marie — Arcomie — Bacon (le) — Berc — Bessons (les) — Blavignac — Fage-Saint-Julien (la) — Rimeize — Saint-Chély-d'Apcher.

Canton de Saint-Germain-du-Teil (8 com., 5,976 h., 17,879 hect.). — Chirac — Hermaux (les) — Monastier (le) — Pin-Moriès — Saint-Germain-du-Teil — Saint-Pierre-de-Nogaret — Salses (les) — Trélans.

Canton de Serverette (5 com., 4,934 h., 14,235 hect.). — Fontans — Lajo — Saint-Alban — Sainte-Eulalie — Serverette.

Arrondissement de Mende (7 cant., 65 com., 49,756 h., 177,702 hect.).

Canton du Bleymard (11 com., 5,848 h., 30,275 hect.). — Allenc — Bagnols — Belvezet — Bleymard (le) — Chadenet — Chasseradès — Cubières — Cubiérettes — Saint-Frézal-d'Albuges — Sainte-Hélène — Saint-Julien-du-Tournel.

Canton de Châteauneuf-de-Randon (8 com., 4,971 h., 27,198 hect.) — Arzenc-de-Randon — Châteauneuf-de-Randon — Chaudeyrac — Laubert — Montbel — Pierrefiche — Saint-Jean-la-Fouillouse — Saint-Sauveur-de-Ginestoux.

Canton de Grandrieu (8 com., 6,068 h., 21,907 hect.). — Chambon (le) — Grandrieu — Laval-Atger — Panouse (la) — Saint-Bonnet-de-Montauroux — Sainte-Colombe-de-Montauroux — Saint-Paul-le-Froid — Saint-Symphorien.

Canton de Langogne (8 com., 8,286 h., 17,984 hect.). — Auroux — Chastanier — Fontanes — Langogne — Luc — Naussac — Rocles — Saint-Flour-de-Mercoire.

Canton de Mende (10 com., 12,501 h., 31,512 hect.). — Badaroux — Balsièges — Born (le) — Brenoux — Chastel-Nouvel (le) — Lanuejols — Mende — Rouvière (la) — Saint-Bauzile — Saint-Étienne-du-Valdonnez.

Canton de Saint-Amans (10 com., 6,367 h., 26,930 hect.). — Champ (la) — Estables — Laubies (les) — Ribennes — Ricutort — Saint-Amans — Saint-Denis — Saint-Gal — Servières — Villedieu (la).

Canton de Villefort (10 com., 5,715 h., 21,897 hect.). — Altier — Balmelles (les) — Combret — Planchamp — Pourcharesses — Prévenchères — Puylaurent — Saint-André-Capcèze — Saint-Jean-Chazorne — Villefort.

X. — Agriculture.

Sur les 516,973 hectares du département, on compte :

Terres labourables	134,800 hectares.
Prés	37,259
Vignes	1,200
Bois	62,676
Pâtures, landes	265,464
Châtaigneraies	36,500

Les *pâturages* couvrent plus de la moitié du département : au nord-est sont les grandes terrasses de la Margeride et de la Lozère, visitées chaque année par les troupeaux de moutons du Bas-Languedoc et de la Camargue; au nord-ouest sont les beaux pâturages de l'Aubrac, la principale richesse de ce pauvre département, parsemés de *burons* ou *mazucs*. Un buron, habité par un *cantalais* et deux aides, et entouré d'environ 70 hectares d'herbages, nourrit 50 à 60 vaches; ces burons donnent à leur propriétaire un rendement moyen de 24 francs par hectare. Le fromage appelé *fourme* se vend à Marvejols 1 fr. 20 le kilog. D'autres parties de la montagne ne reçoivent que des bêtes à l'embouche et se louent à raison de 25 à 30 francs par tête pour la saison.

On compte dans le département : 50,000 bêtes à cornes (races d'Aubrac, de Gévaudan et Tarine); 315,000 moutons (non compris les troupeaux de transhumance, environ 250 à 300,000 têtes); 32,500 porcs; 16,900 chèvres. Il existe, en outre, 5,188 chevaux, 755 mulets et 1,100 ânes. 14,000 ruches ont donné en 1876 un produit de 133,000 francs. Enfin, malgré la maladie des vers à soie, les Cévennes ont eu une production séricicole s'élevant à 368,812 francs.

La partie la plus prospère du département est la *Borne*, région qui comprend le territoire de plusieurs communes des départements de la Lozère et de l'Ardèche, situées dans la vallée de la Borne proprement dite (frontière des deux départements), sur le versant de la rive gauche du Chassezac jusqu'au delà du village ardéchois de Malarce et de nombreuses gorges secondaires. Grâce à la persévérance, au travail et à l'énergie de ses habitants, ce pays est devenu un des plus riches cantons du Midi. La place faisant défaut, ils ont construit des terrasses; la terre manquait, ils l'ont apporté à dos d'hommes. Sur ces terrasses gigantesques, ils ont planté des châtaigniers, des vignes, des pêchers, de nombreux arbres fruitiers, des légumes. Pour fertiliser ce sol factice, ils ont construit des *béals* ou canaux longs de 3, de 5 kilomètres et même plus. Un nouveau béal, qui n'aura pas moins de 16 à 17 kilomètres de développement, est actuellement en construction. Les fruits et les légumes sont vendus à Villefort, à Langogne et à Alais.

Le sol du département n'est fertile que dans les vallées qui, dans le sud et le sud-est du département, sont couvertes d'arbres fruitiers : les prunes de Florac ont une certaine réputation. Les plateaux des causses sont presque stériles, et forment le cinquième du département. De plus, la Lozère, qui jadis avait 250,000 hectares de forêts en compte aujourd'hui à peine 30,000, et la forêt de Mercoire, qui autrefois s'étendait, dit-on, sur 12,000 hectares, n'en a plus que 340. Les *châtaigneraies* sont la principale culture des Cévennes ; en 1876, malgré la maladie qui commence à les atteindre, on comptait dans la Lozère 36,500 hectares plantés de châtaigniers, qui ont donné un produit de 2,592,960 francs, non compris la valeur de la consommation locale qui est énorme. Villefort est le grand marché des marrons et des châtaignes du Midi.

L'arrondissement de Florac et quelques points de la vallée du Lot cultivent la *vigne* (1,035 hectares en 1876). Les vins de la vallée du Tarn ont beaucoup de bouquet, mais ne se conservent pas. Ils sont consommés dans le pays.

En 1876, la récolte du département a été évaluée ainsi : froment, 2,636,879 francs ; méteil, 1,071,940 francs ; seigle, 13,483,500 fr. ; orge, 1,737,764 ; sarrasin, 111,500 ; avoine, 3,173,625 ; pommes de terre, 2,835,000 ; légumes secs, 107,800 ; betteraves, 124,800 francs.

XI. — Industrie.

En 1875, la production des trois mines de *plomb argentifère* (429 ouvriers) de Villefort-Vialas et d'Ispagnac a été de 585 tonnes, valant 296,598 francs.

Les nombreuses *tourbières*, *sognes* ou *narses* du plateau granitique ne sont pas exploitées.

Des mines d'*antimoine* ont été d'abord exploitées avec succès ; sept concessions avaient été accordées de 1822 à 1845, mais la découverte de gisements plus riches en Algérie et en Corse a fait cesser les travaux.

L'oxyde de *manganèse* des Cabanals, près de Meyrueis, et du col de

Montmirat, entre le Tarn et le Lot, a été exploité pour les hauts-fourneaux d'Alais.

Des *pierres lithographiques* à grain assez fin ont été découvertes au hameau du Bac, sur le causse de Sauveterre ; des *marbres* rubanés existent près de Meyrueis.

Les meilleures *carrières de pierres* de construction sont celles des environs de Mende, qui donnent des tufs calcaires très légers prenant bien le mortier. On emploie aussi quelquefois la *fraidonite* ou *minette*, sorte de granit très dur qui a servi à la construction de Notre-Dame du Val-Francesque.

Les *ardoises* de Lachamp, de Badaroux, du Tournel, de Meyrueis, de Freyssinet, sont exploitées et s'exportent même dans les départements voisins.

La Lozère a de nombreuses *sources minérales*. *Bagnols-les-Bains* est renommé pour ses eaux sulfureuses thermales qui, très efficaces contre les affections rhumatismales, sont tout à fait spéciales pour certaines maladies du cœur. *La Chaldette*, commune de Brion, possède également un établissement de bains ; les eaux du *Mazel*, commune des Laubies, et celles de *Quézac* sont utilisées en boisson. D'autres sources d'une moindre importance et utilisées seulement par les habitants des localités voisines se trouvent au Mazel-Chabrier, à Coulagnes, au Ranc, à Laval-Atger (arrondissement de Mende) ; à Sarroul, Saint-Pierre-le-Vieux, Javols, Chanac, Saint-Léger-de-Peyre (arrondissement de Marvejols) ; à Salièges, Ispagnac, Bedouès (arrondissement de Florac).

Le département compte 33 manufactures de *draps*, occupant 1,154 ouvriers et possédant 10,820 broches actives. Une fort modeste industrie, celle du *sabotage*, a donné en 1878 un revenu évalué à plus d'un million de francs. Des tanneries, des parchemineries existent dans le nord du département.

XII. — Commerce, chemins de fer, routes.

Sans canaux ni rivières navigables, doté d'un seul chemin de fer, le département de la Lozère a une industrie commerciale peu développée. Son commerce n'est guère alimenté que par les produits agricoles. Il importe et exporte peu et consomme sur place ses produits. La Lozère achète chaque année environ 18,000 à 20,000 tonnes de houille aux bassins d'Alais, du Gard, d'Aubin et de la Loire.

Les foires de bestiaux de Nasbinals, à la fin de l'été, ont une assez grande importance, et Villefort est le principal marché des marrons et des châtaignes des Cévennes, comme Marvejols est le centre du commerce des fromages de l'Aubrac.

Les vallées communiquent entre elles par des cols où passent des routes carrossables. Ainsi entre la vallée du Lot et celle du Tarn, les voitures peuvent franchir le col de Montmirat (1,046 mètres); entre la vallée du Tarnon et celle de la Jonte qui conduit dans l'Aveyron,

Viaduc de l'Altier.

elles peuvent également passer au col de Perjuret (1,031 mètres). Mais en hiver les communications sont souvent interrompues, et il arrive chaque année que les voyageurs venant du nord par Langogne ou par Neussargues se trouvent arrêtés pendant plusieurs jours.

Dans sa partie orientale, le département est traversé, sur une longueur de 62 kilomètres, par le chemin de fer *de Paris à Nîmes*.

Cette ligne, qui longe le département, de la station de Chapeauroux jusqu'au delà de Villefort, a pour stations dans la Lozère Chapeauroux, Langogne, la Bastide et Prévenchères ; au delà du magnifique viaduc (*V.* p. 55) sur lequel elle franchit l'Altier, et de la station de Villefort, elle entre, près de Saint-André-Capcèze, dans le département du Gard.

Plusieurs lignes sont en construction (de Sévérac à Mende et à Marvejols, de Neussargues à Marvejols), et d'autres à l'étude (de Mende à la Bastide, du Pont-de-Mongon à Arvant). L'établissement du chemin de fer de Neussargues à Marvejols a nécessité la construction du remarquable *viaduc de Garabie*, qui, près du confluent de l'Arcomie et de la Truyère dans le Cantal, aura une élévation de 126 mètres au-dessus du lit de la rivière.

Les voies de communication comptent 5,118 kilomètres, savoir :

```
1 chemins de fer . . . . . . . . . . . . . . .   62 kil.
7 routes nationales. . . . . . . . . . . . .    471
18 routes départementales. . . . . . . . . .    467
16 chemins vicinaux de grande commu-
    nication. . . . . . . . . . . . . .    410  ⎫
16 d'intérêt commun. . . . . . . . .    244  ⎬ 4,117
Un grand nombre de petite communication. 3,453  ⎭
```

XIII. — Dictionnaire des communes.

Alban (Saint-), 2,476 h., c. de Serverette. ⟶ Asile d'aliénés.
Albaret-le-Comtal, 661 h., c. de Fournels.
Albaret-Sainte-Marie, 490 h., c. de Saint-Chély-d'Apcher. ⟶ Ruines du château de la Garde.
Allenc, 780 h., c. du Bleymard, dans la gorge du Villaret, au pied du Mont-du-Goulet (1,499 mèt.). ⟶ Vieux manoir. — Église de Bénédictins.
Altier, 1,239 h., c. de Villefort, sur l'Altier. ⟶ Belles gorges.
Amans (Saint-), 565 h., ch.-l. de c. de l'arrond. de Mende. ⟶ Belles cascades.
Andéol-de-Clerguemort (Saint-), 525 h., c. du Pont-de-Montvert.
André-Capcèze (Saint-), 402 h., c. de Villefort. ⟶ Sources de la Cèze.

André-de-Lancize (Saint-), 584 h., c. de Saint-Germain-de-Calberte.
Antrenas, 342 h., c. de Marvejols.
Arcomie, 227 h., c. de Saint-Chély-d'Apcher.
Arzenc-d'Apcher, 192 h., c. de Fournels. ⟶ Ruines d'un château.
Arzenc-de-Randon, 821 h., c. de Châteauneuf-de-Randon.
Aumont, 1,055 h., ch.-l. de c. de l'arrond. de Marvejols. ⟶ Vestiges d'une voie romaine.
Auroux, 1,316 h., c. de Langogne, sur le Chapeauroux. ⟶ Église du xie s. — Ruines de plusieurs châteaux.
Auxillac, 630 h., c. de la Canourgue. ⟶ Dolmens.
Bacon (Le), 205 h., c. de Saint-Chély-d'Apcher.
Badaroux, 657 h., c. de Mende,

DICTIONNAIRE DES COMMUNES.

sur une montagne de 785 mèt. dominant les gorges du Lot.

Bagnols, 416 h., c. du Bleymard, station d'eaux thermales située à 941 mèt., au confluent du Lot et du Villeret. ⟶ Vallée du Lot. — Pic Finiels (1,702 mèt.).

Balmelles (Les), 280 h., c. de Villefort.

Balsièges, 611 h., c. de Mende, au confluent du Lot et de la Nize, au pied du causse de Sauveterre. ⟶ Nombreux dolmens. — Ruines d'un château du XIIIe s. — Ermitage de Saint-Théodore. — Château du Choizal.

Banassac, 1,256 h., c. de la Canourgue, au confluent du Lot et de l'Urugne. ⟶ Dolmens.

Barjac, 761 h., c. de Chanac; ferme-école. ⟶ Ruines du château de Lavigne.

Barre, 662 h., ch.-l. de c. de l'arrond. de Florac, près de l'une des sources du Gardon. ⟶ Ruines du

Église de Bedouès.

château féodal de Barre et du château de Terre-Rouge.

Bassurels, 587 h., c. de Barre.

Bauzile (Saint-), 509 h., c. de Mende. ⟶ Château de Montialoux. — Chapelle de Saint-Alban, sur le plateau de Balduc (1.100 mèt.).

Bedouès, 535 h., c. de Florac. ⟶ L'église de Saint-Saturnin, érigée en collégiale par le pape Urbain V, en 1363, était fortifiée ; restaurée et agrandie, elle a perdu son caractère.

Belvezet, 243 h., c. du Bleymard. ⟶ Source du Chassezac, au pied du Maure-de-la-Gardille.

Berc, 217 h., c. de Saint-Chély-d'Apcher.

Bessons (Les), 548 h., c. de Saint-Chély-d'Apcher.

Blavignac, 505 h., c. de Saint-Chély-d'Apcher, sur un plateau de 963 mèt., dominant les gorges de la Truyère.

Bleymard (Le), 600 h., ch.-l. de c.

de l'arrond. de Mende, sur le Lot naissant (4 kil. de la source), au pied du pic Finiels (1,702 mèt.). ⟶ Église romane de Saint-Jean-du-Bleymard, dont le presbytère, ancienne maison prieurale, est fortifié.

Bondons (Les), 876 h., c. de Florac.
Bonnet-de-Chirac (Saint-), 182 h., c. de Marvejols.
Bonnet-de-Montauroux (Saint-), 570 h., c. de Grandrieu. ⟶ Ruines du château de Condres. — Viaduc du Chapeauroux (chemin de fer) : 25 arches de 12 mètres.
Born (Le), 412 h., c. de Mende.
Brenoux, 509 h., c. de Mende, au pied du Causse de Mende. ⟶ Château de Préfontaine.
Brion, 360 h., c. de Fournels, sur un affluent du Bès, à 1,100 mèt. d'alt. ⟶ Station thermale à la Chaldette (997 mèt.).
Buisson (Le), 602 h., c. de Marvejols.
Canilhac, 275 h., c. de la Canourgue.
Canourgue (La), 1,859 h., ch.-l. de c. de l'arrond. de Marvejols, sur l'Urugne, qui y reçoit la magnifique source de Saint-Frézal. ⟶ Église dont les parties les plus anciennes datent du XIᵉ s. — Ruines d'une fontaine qui, dit-on, serait de construction gauloise. — Dolmens.
Capelle (La), 365 h., c. de la Canourgue, à 900 mèt., sur le causse de Sauveterre.
Cassagnas, 645 h., c. de Barre.
Chadenet, 216 h., c. du Bleymard.
Chambon (Le), 687 h., c. de Grandrieu.
Champ (La) ou **Lachamp**, 647 h., c. de Saint-Amans.
Chanac, 1,661 h., ch.-l. de c. de l'arrond. de Marvejols, sur le Lot (641 mèt.). ⟶ Nombreux dolmens. — Ruines d'un château des évêques de Gévaudan. — Tour de l'Horloge. — Deux ponts en pierre sur le Lot.
Chasseradès, 687 h., c. du Bleymard. ⟶ Ruines du château de Mirandol.
Chastanier, 257 h., c. de Langogne.
Chastel-Nouvel (Le), 609 h., c. de Mende.
Châteauneuf-de-Randon, 708 h., ch.-l. de c. de l'arrond. de Mende, sur une colline escarpée de 1,190 mèt., dominant le confluent du Chapeauroux et de la Boutaresse. ⟶ Ruines du château devant lequel mourut Du Guesclin en 1380; à l'Habitarelle, statue en bronze de l'illustre connétable.
Chauchailles, 377 h., c. de Fournels.
Chaudeyrac, 1,246 h., c. de Châteauneuf-de-Randon. ⟶ Ruines des châteaux de Chaylar-l'Évêque et de Clamouze.
Chaulhac, 296 h., c. du Malzieu-Ville. ⟶ Gorges profondes de la Truyère. — Château de Paladines.
Chaze (La), 487 h., c. d'Aumont.
Chély-d'Apcher (Saint-), 2,054 h., ch.-l. de c. de l'arrond. de Marvejols. ⟶ Croix de pierre des Anglais. — Restes des fortifications.
Chély-du-Tarn (Saint-), 535 h., c. de Sainte-Énimie, sur la rive g. du Tarn, à 465 mèt. ⟶ Chapelle de Notre-Dame, dans une grotte d'où sort une source magnifique qui se jette dans le Tarn.—Admirables sites dans les gorges du Tarn, profondes de 500 mèt.
Chirac, 1,585 h., c. de Saint-Germain-du-Teil. ⟶ Dolmens.
Cocurès, 551 h., c. de Florac.
Collet-de-Dèze (Le), 1,256 h., c. de Saint-Germain-de-Calberte, sur le Gardon d'Alais. ⟶ Sur la montagne, ruines du château de Dèze.
Colombe-de-Montauroux (Ste-), 256 h., c. de Grandrieu.
Colombe-de-Peyre (Sainte-), 583 h., c. d'Aumont.
Combret, 120 h., c. de Villefort.
Croix (Sainte-), 752 h., c. de Barre. ⟶ Ancien château.
Cubières, 1,096 h., c. du Bleymard, sur l'Altier, au pied des monts Lozère. ⟶ Église du XIᵉ s.
Cubiérettes, 150 h., c. du Bleymard.
Cultures, 203 h., c. de Chanac.
Denis (Saint-), 837 h., c. de Saint-Amans.
Énimie (Sainte-), 1,063 h., ch.-l. de c. de l'arrond. de Florac, à 480 mèt. sur le Tarn, entre les immenses parois des causses Méjean et de Sauveterre. ⟶ Ruines d'un prieuré de Bénédictins, converti en maison d'école. —

Ispagnac.

— Grotte et chapelle de Sainte-Énimie. — Magnifique source de Burle.

Esclanèdes, 486 h., c. de Chanac.

Estables, 582 h., c. de Saint-Amans, au pied d'un des plus hauts sommets de la Margeride (1,554 mèt.). ⟶ Ruines d'un château.

Étienne-du-Valdonnez (Saint-), 1,164 h., c. de Mende. ⟶ Église du xiv° s.

Étienne-Vallée-Française (St-), 1,559 h., c. de Saint-Germain-de-Calberte. ⟶ Ruines de deux châteaux.

Eulalie (Sainte-), 223 h., c. de Serverette.

Fage-Montivernoux (La), 826 h., c. de Fournels.

Fage-Saint-Julien (La), 404 h., c. de Saint-Chély-d'Apcher.

Fau-de-Peyre (Le), 611 h., c. d'Aumont. ⟶ Pierre branlante.

Florac, 2,172 h., ch.-l. d'arrond., sur le Tarnon, à 609 mèt., au pied de la falaise orientale du causse Méjean et des contre-forts des monts du Bougès. ⟶ Sur un petit plateau, ancien *château seigneurial*, flanqué de deux tours rondes, décapitées et servant de prison. — A l'O., rocher de Rochefort, à la base duquel, dans un site très pittoresque, jaillit la belle *source du Pêcher*, très abondante et très limpide, l'une des plus fortes de la France; elle forme une rivière qui se précipite en cascades, traverse la ville, passe sous trois ponts et se jette dans le Tarnon. — Vallée du Tarnon ; causse Méjean; gorges du Tarn ; causse de Sauveterre; gorges supérieures du Tarn et cascades de Runes.

Flour-de-Mercoire (Saint-), 586 h., c. de Langogne.

Fontanes, 333 h., c. de Langogne.

Fontans, 870 h., c. de Serverette.

Fournels, 490 h., ch.-l. de c. de l'arrond. de Marvejols. ⟶ Beau château ; au S., tour de Montaleyrac.

Fraissinet-de-Fourques, 479 h., c. de Meyrueis. ⟶ Ruines du château de la Balme.

Fraissinet-de-Lozère, 704 h., c. du Pont-de-Montvert. ⟶ A Rhunes, belle cascade du torrent de Rhunes : deux chutes, l'une de 46, l'autre de 24 mèt. de hauteur. — Gorges sauvages du Tarn.

Frézal-d'Albuges (Saint-), 301 h., c. du Bleymard, au pied du Maure-de-Gardille (1,501 mèt.). ⟶ Église du xiii° s.

Frézal-de-Ventalon (Saint-), 523 h., c. du Pont-de-Montvert, près des sources du Gardon d'Alais. ⟶ Vues magnifiques sur les versants de la Méditerranée et de l'Océan.

Gabriac, 307 h., c. de Barre.

Gabrias, 400 h., c. de Marvejols.

Gal (Saint-), 209 h., c. de Saint-Amans. ⟶ Église du xiv° s.

Gatuzières, 259 h., c. de Meyrueis.

Georges-de-Lévejac (Saint-), 728 h., c. du Massegros, sur le bord S. du causse de Sauveterre et dominant les gorges du Tarn de plus de 400 mètres. ⟶ Nombreux dolmens.

Germain-de-Calberte (Saint-), 1,516 h., ch.-l. de c. de l'arrond. de Florac. ⟶ Ruines d'un château.

Germain-du-Teil (Saint-), 1,384 h., ch.-l. de c. de l'arrond. de Marvejols. ⟶ Tombeaux creusés dans le roc.

Grandrieu, 1,646 h., ch.-l. de c. de l'arrond. de Mende. ⟶ Église du xiii° s.; roche à bassin creusé en forme d'auge et dédiée à sainte Mène.

Grandvals, 276 h., c. de Fournels.

Grèzes, 445 h., c. de Marvejols, sur le versant d'une montagne. ⟶ Nombreux dolmens.

Hélène (Sainte-), 161 h., c. du Bleymard. ⟶ Au Puech, mégalithe appelé *Bertel de las Fadas*.

Hermaux (Les), 623 h., c. de Saint-Germain-du-Teil.

Hilaire-de-Lavit (Saint-), 367 h., c. de Saint-Germain-de-Calberte. ⟶ Ancien château de Cadoine.

Hures, 335 h., c. de Meyrueis, situé à 1,024 mètres, sur le causse Méjean. ⟶ *Aven* ou gouffre, à l'E. du village. — Dolmens.

Ispagnac, 1,769 h., c. de Florac, sur le Tarn, à l'amont des gorges ouvertes à 500 mètres de profondeur entre le causse de Sauveterre et le causse Méjean. ⟶ Église romane du xii° s. — Vieilles maisons. — Château de Roche-Blave. — Sites magnifiques. — Belle source de Vigos.

Saint-Julien-d'Arpaon.

Javols, 1,025 h., c. d'Aumont. ⟶ C'est l'ancienne *Anderitum*, cité des Gabales. — Nombreux vestiges romains.

Jean-Chazorne (Saint-), 288 h., c. de Villefort, sur une montagne coupée à pic. ⟶ Précipices de la Borne.

Jean-la-Fouillouse (Saint-), 616 h., c. de Châteauneuf-de-Randon.

Juéry (Saint-), 158 h., c. de Fournels.

Julianges, 257 h., c. du Malzieu-Ville.

Julien-d'Arpaon (Saint-), 559 h., c. de Barre. ⟶ Ruines d'un château.

Julien-des-Points (Saint-), 175 h., c. de Saint-Germain-de-Calberte.

Julien-du-Tournel (Saint-), 1,198 h., c. du Bleymard, entouré par un méandre du Lot. ⟶ Église romane. — Ruines magnifiques du château du Tournel, sur un promontoire de roches que la route traverse par un tunnel long de 150 mèt.

Lajo, 456 h., c. de Serverette.

Langogne, 3,611 h., ch.-l. de c. de l'arrond. de Mende, sur la Langouyrou, près de son confluent avec l'Allier, à 900 mèt. ⟶ Pont du chemin de fer sur l'Allier (3 arches de 14 mèt.). — Église romane, menaçant ruine. — Sur le plateau de Montmilan, près du Cheyleret, vestiges d'un camp de refuge gaulois.

Lanuejols, 510 h., c. de Mende. ⟶ Mausolée romain, élevé à la mémoire des enfants de Bassianus et de Regoia, sa femme, situé à l'O. du village. Ce monument a 5^m,35 de côté. — Château du Boy, xviie s.—A l'E., ermitage de Saint-Genès, restauré en 1854; abondante source. — Au S.-E., dans le vallon de Brajou, ruines (habitées) du château de la Prade. — Vestiges de l'antique forteresse de Chapieu et du château de Chevillasse.

Laubert, 272 h., c. de Châteauneuf-de-Randon.

Laubies (Les), 770 h., c. de Saint-Amans.

Laurent-de-Muret (Saint-), 671 h., c. de Marvejols, au pied d'un volcan éteint de 1,326 mèt., sur un affluent de la Colagne.

Laurent-de-Trèves (Saint-), 375 h., c. de Florac. ⟶ Nombreuses découvertes d'antiquités gallo-romaines.

Laurent-de-Veyrès (Saint-), 187 h., c. de Fournels.

Laval-Atger, 455 h., c. de Grandrieu. ⟶ Ruines du château de Montauroux.

Laval-du-Tarn, 550 h., c. de la Canourgue, sur le causse de Sauveterre, à 812 mèt., au-dessus des gorges du Tarn. ⟶ Nombreux dolmens. — Dolmen-tumulus du pic de Ransas. — Ruines du château de Grandlac. — Château de la Caze, au bord du Tarn, dans une situation très pittoresque.

Léger-de-Peyre (Saint-), 689 h., c. de Marvejols, au confluent de la Colagne et de la Cruzize. ⟶ Gorges sauvages. — Ruines du château féodal de Peyre, démantelé en 1586 par le duc de Joyeuse.

Léger-du-Malzieu (Saint-), 624 h., c. du Malzieu-Ville.

Luc, 1,308 h., c. de Langogne.

Malbouzon, 263 h., c. de Nasbinals. ⟶ Ruines du prieuré.

Malène (La), 602 h., c. de Sainte-Énimie, sur le Tarn. ⟶ Sites grandioses des gorges du Tarn. — A 40 min., le *Détroit*. — Grottes nombreuses. — Dolmens.

Malzieu-Forain (Le), 952 h., c. du Malzieu-Ville.

Malzieu-Ville (Le), 966 h., ch.-l. de c. de l'arrond. de Marvejols.

Marchastel, 287 h., c. de Nasbinals. ⟶ Belles ruines de l'ancien château. — Lac Saint-Andéol et lac de Bord.

Martin-de-Boubaux (Saint-), 751 h., c. de Saint-Germain-de-Calberte.

Martin-de-Lansuscle (Saint-), 548 h., c. de Saint-Germain-de-Calberte. ⟶ Tour Fontanilles, au Cauvel.

Marvejols, 4,884 h., ch.-l. d'arrond., dans la vallée de la Colagne. ⟶ Trois anciennes *portes* de la ville. — Église de *Notre-Dame de la Carce*; statue ancienne et très vénérée de la Vierge. — Jolie *fontaine*. — Belle *promenade*.

Massegros (Le), 555 h., ch.-l. de

c. de l'arrond. de Florac, sur le causse de Sauveterre. ⟶ Nombreux dolmens.

Maurice-de-Ventalon (Saint-), 374 h., c. du Pont-de-Montvert, au pied pu pic de Saint-Maurice (1,354 mèt.).

Mende, 7,300 h., ch.-l. du département, sur le Lot, à 759 mèt. d'alt., au pied des escarpements du causse de Mende. ⟶ L'église *cathédrale*, reconstruite au xiv° s. par le pape Urbain V, détruite en partie au xvi° s. par les protestants, et réédifiée sur le même plan, de 1599 à 1620, a conservé deux clochers, élevés (1508-1512), par l'évêque François de la Rovère. Le

Église de Lanuejols.

plus grand, remarquable par sa hauteur (84 mèt.) et son élégance, repose sur une base de 11 mèt. carrés, dont les contre-forts supportent de magnifiques pinacles qui entourent l'édifice jusqu'à la naissance de la flèche. Cette flèche, ornée de clochetons et de sculptures, s'appuie elle-même sur de nombreux arcs-boutants, d'une grande légèreté. Le petit clocher a 65 mèt. de hauteur. Les deux clochers renfermaient autrefois une magnifique sonnerie qui fut détruite par les bandes protestantes de Mathieu de Merle; il ne reste de cette sonnerie que le battant du principal bourdon, appelé Non-Pareille (2ᵐ,33 de hauteur sur 1m,10 de circonférence). En 1846 une nouvelle sonnerie a été installée dans le grand clocher. A l'intérieur, la cathédrale est divisée en trois nefs, flanquées de chaque côté de dix chapelles. Nous signalerons : les roses qui ornent les fenêtres du collatéral du N.; les stalles et les boiseries du chœur, les boiseries de la chapelle du baptistère, deux magnifiques candélabres en bois sculpté (Renaissance), le retable de la première chapelle du collatéral de dr., le buffet d'orgues (XVIIe s.), etc. — Une partie de l'ancienne *église* ogivale *des Cordeliers* sert de chapelle à la prison. — L'*hôte.*

Porte fortifiée, à Marvejols.

de la Préfecture (ancien palais épiscopal qui remontait en partie au XIIe s.) a été reconstruit en 1860 dans le style Louis XIII. Il a conservé des salles remarquables et la galerie des Évêques (XVIIe s.), longue de 34m,35 sur 5m,10 de largeur et haute de 5m,10, décorée de 18 panneaux peints par Antoine Bénard. Cette galerie contient une belle collection d'autographes. — A la salle d'asile se trouve le *musée,* qui renferme quelques bons tableaux et une intéressante collection d'objets préhistoriques, romains et gallo-romains, trouvés dans le département de la Lozère. — Devant la cathédrale, une *statue* en bronze, œu-

Cathédrale de Mende.

vre de M. Dumont, a été érigée en 1874 au pape Urbain V, né à Grizac, près du Pont-de-Montvert. — *Bibliothèque* (à l'hôtel de ville) de 12,000 volumes. — *Ermitage de Saint-Privat*, taillé en partie dans le roc, sur les flancs du Mont-Mimat. — Belles promenades aux environs.

Meyrueis, 1,874 h., ch.-l. de c. de l'arrond. de Florac, à 700 mèt., au confluent de le Brèze, du Butézou et de la Jonte, entre les escarpements du causse Méjean, les contre-forts de l'Aigoual et les rochers du causse Noir. ⟶ Châteaux d'Ayres et de Roquedols. — Sites très pittoresques ; vallée de la Jonte, Aigoual, causse Méjean, etc. — Grotte de Nabrigas, etc.

Michel-de-Dèze (Saint-), 509 h., c. de Saint-Germain-de-Calberte.

Moissac, 660 h., c. de Saint-Germain-de-Calberte. ⟶ Ruines d'un château. — A 1 kil. au N., au hameau de la Boissonnade, église de *Notre-Dame de Val-Francesque*, de l'époque carlovingienne. Cette église, construite en fraidonite (granit noir très dur), est fort bien conservée. Depuis 1800, l'église a été transformée en temple protestant.

Molezon, 405 h., c. de Barre.

Monastier (Le), 430 h., c. de Saint-Germain-du-Teil. ⟶ Église romane (xi° s.), remaniée en partie au xvi° s.; colonnes et pilastres décorés de figures grotesques.

Montbel, 500 h., c. de Châteauneuf-de-Randon.

Montbrun, 434 h., c. de Sainte-Énimie, sur la rive g. du Tarn, au pied des escarpements (520 mèt.) du causse Méjean.

Montjézieu, 520 h., c. de la Canourgue.

Montrodat, 595 h., c. de Marvejols.

Nasbinals, 1,214 h., ch.-l. de c. de l'arrond. de Marvejols. ⟶ Lacs de la Garde, de Souverols et des Salhiens.

Naussac, 483 h., c. de Langogne, sur un plateau appelé le *Rognon de la Lozère*. ⟶ Ruines d'un château.

Noalhac, 358 h., c. de Fournels.

Palhers, 216 h., c. de Marvejols. ⟶ Ancienne commanderie du Temple, puis des Hospitaliers.

Panouse (La), 581 h., c. de Grandrieu.

Parade (La), 420 h., c. de Meyrueis, sur le causse Méjean. ⟶ Nombreux dolmens.

Paul-le-Froid (Saint-), 814 h., c. de Grandrieu, à 1,302 mèt. d'alt., sur les grands plateaux de pâturages de la Margeride.

Paulhac, 325 h., c. du Malzieu-Ville.

Pierre-de-Nogaret (Saint-), 636 h., c. de Saint-Germain-du-Teil.

Pierre-des-Tripiers (Saint-), 356 h., c. de Meyrueis, sur le bord méridional du causse Méjean, dominant de plus de 400 mèt. la vallée de la Jonte. ⟶ Célèbre caverne préhistorique de l'Homme-Mort ; dolmens.

Pierre-le-Vieux (Saint-), 511 h. c. du Malzieu-Ville.

Pierrefiche, 483 h., c. de Châteauneuf-de-Randon. ⟶ Église du xiv° s. — Ruines d'un château.

Pin-Moriès, 556 h., c. de Saint-Germain-du-Teil.

Planchamp, 218 h., c. de Villefort, sur des pentes dominant le confluent de Chassezac, de l'Altier et de la Borne. ⟶ Dans l'église, beau retable en bois sculpté (xvii° s.), venant de la chapelle des Capucins de Mende. — Gorges magnifiques de l'Altier, de la Borne et du Chassezac ; rochers de Sainte-Madeleine. — *Béals* ou canaux d'arrosage, construits par les habitants.

Pompidou (Le), 845 h., c. de Barre, près du Gardon, à 679 mèt., au pied de la Can de l'Hospitalet. ⟶ Petite église, fondée par le pape Urbain V (?). — Vue magnifique du haut du plateau, une des plus belles du département de la Lozère.

Pont-de-Montvert (Le), 1,538 h., ch.-l. de c. de l'arrond. de Florac, à 896 mèt., sur le Tarn, au pied du pic de Finiels (1,702 mèt.). ⟶ Pic des Laubies (1,680 mèt.). — Roc Malpertus (1,683 mèt.). — Sources du Tarn (1,600 mèt. env.). — Signal du Bougès (1,424 mèt.).—Gorges du Tarn.— Ruines du château de Grizac, lieu de naissance du pape Urbain V.

Pourcharesses, 409 h., c. de Villefort, à l'origine d'un affluent de l'Al-

Rochers de Sainte-Madeleine, près de Planchamp.

tier. ⟶ Sur le chemin de fer d'Arvant à Nîmes, tunnels d'Albespeyre (1,475 mèt.), de Pourcharesses (535 mètres), de Chabres (270 mèt.), de Truel (154 mèt.); magnifique viaduc de l'Altier, haut de 72 mèt.

Prades, 501 h., c. de Sainte-Énimie, dans les gorges du Tarn, profondes de plus de 500 mèt.

Préjet-du-Tarn (Saint-), 324 h., c. du Massegros, à 420 mèt., au fond de la gorge du Tarn, en aval du Pas de Soucy et de la Perte du Tarn. ⟶ Sites grandioses. — Nombreux dolmens sur le causse Méjean. — Grottes ou baumes.

Prévenchères, 935 h., c. de Villefort, sur le Chassezac, à 700 mèt. ⟶ Église romane. — Château du XIVᵉ s. — Sur un plateau dominant les gorges du Chassezac, de l'Altier et de la Borne, hameau de la Garde-Guérin, entouré de fortifications assez bien conservées, ruines du château et église du XIIᵉ s. — Vue magnifique. — Sur un plateau marécageux, château du Boure, converti en ferme. — Sur le chemin de fer: tunnels du Gravil (884 mèt.), de la Moulette (440 mèt.), etc.

Prinsuéjols, 685 h., c. de Nasbinals. ⟶ Ancien château de la Baume.

Privat-de-Vallongue (Saint-), 820 h., c. de Saint-Germain-de-Calberte. ⟶ Vestiges d'un château.

Privat-du-Fau (Saint-), 497 h., c. du Malzieu-Ville, au pied du signal du Montgrand (1,420 mèt.).

Prunières, 445 h., c. du Malzieu-Ville. ⟶ Ruines du château d'Apcher.

Puylaurent, 291 h., c. de Villefort. ⟶ Église romane, à chapiteaux bizarres. — Palets de Gargantua.

Quézac, 628 h., c. de Sainte-Énimie, sur la rive g. du Tarn, à 500 mèt., adossé aux falaises du causse Méjean. ⟶ Église du style ogival fleuri (XVIᵉ s.), collégiale d'un ancien prieuré; maître-autel remarquable. Notre-Dame de Quézac est le but d'un pèlerinage autrefois très célèbre. — Vestiges de l'habitation ou collège du chapitre de Notre-Dame. — Pont sur le Tarn, construit en 1595 par ordre du pape Urbain V, ainsi qu'une petite chapelle.

Recoules-d'Aubrac, 526 h., c. de Nasbinals.

Recoules-de-Fumas, 564 h., c. de Marvejols.

Recoux (Le), 525 h., c. de Massegros, sur la partie occidentale du causse de Sauveterre. ⟶ Nombreux dolmens.

Ribennes, 626 h., c. de Saint-Amans. ⟶ Châteaux de Cheminades (belle chapelle) et de Combettes.

Rieutort, 1,508 h., c. de Saint-Amans.

Rimeize, 932 h., c. de Saint-Chély-d'Apcher.

Rocles, 592 h., c. de Langogne.

Rome-de-Dolan (Saint-), 167 h., c. du Massegros, à 900 mèt., au bord du causse de Sauveterre, dont la falaise tombe à pic de 500 mèt., sur le fond des gorges du Tarn. ⟶ Ruines du château de Dolan. — Dolmens.

Rousses, 342 h., c. de Florac.

Rouvière (La), 420 h., c. de Mende. ⟶ Dolmens. — Église du XIVᵉ s.

Rozier (Le), 165 h., c. de Meyrueis, au confluent de la Jonte à 390 mèt. et du Tarn. ⟶ Église romane. — Sites magnifiques.

Salelles (Les), 487 h., c. de Chanac.

Salle-Prunet (La), 428 h., c. de Florac. ⟶ Restes du château gothique de Montvaillant. — Ruines du château de Pierrefort.

Salses (Les), 553 h., c. de Saint-Germain-du-Teil.

Saturnin (Saint-), 251 h., c. de la Canourgue, dans une gorge profonde. ⟶ Dolmens.

Sauveur-de-Ginestoux (Saint-), 324 h., c. de Châteauneuf-de-Randon, à plus de 1,500 mèt., au pied d'un sommet de 1,456 mèt.

Sauveur-de-Peyre (Saint-), 610 h., c. d'Aumont.

Serverette, 909 h., ch.-l. de c. de l'arrond. de Marvejols, au confluent de la Truyère et du Mézère, à 976 mèt. ⟶ Ancien château fort, occupé par les Ursulines.

Servières, 550 h., c. de Saint-Amans.

Symphorien (Saint-), 1,079 h., c. de Grandrieu. ⇒ Châteaux de Chams et du Fort.

Termes, 548 h., c. de Fournels. ⇒ Clocher très élevé.

Tieule (La), 160 h., c. de la Canourgue, sur le causse de Sauveterre. ⇒ Nombreux dolmens.

Trélans, 371 h., c. de Saint-Germain-du-Teil. ⇒ Signal de Mailhebiau (1,471 mèt.), point culminant des montagnes d'Aubrac.

Vebron, 991 h., c. de Florac, à 662 mèt., sur le Tarn, au pied des escarpements du causse Méjean hauts de plus de 600 mèt. ⇒ Joli château de Salgas. — Belle fontaine.

Vialas, 2,152 h., c. du Pont-de-Montvert.

Villard (Le), 244 h., c. de Chanac.

Villedieu (La), 273 h., c. de Saint-Amans, à 1,250 mèt., au confluent de la Truyère naissante et du ruisseau du Peyrat.

Villefort, 1,535 h., ch.-l. de c. de l'arrond. de Mende, à 582 mèt., sur la Devèze et le ruisseau de Palhères, au pied du massif des monts Lozère. ⇒ Sur un mamelon, chapelle Saint-Loup, lieu de pèlerinage. — Promenades et excursions nombreuses aux environs de la ville.

3057 — Imprimerie A. Lahure, rue de Fleurus, 9, à Paris.

France par ADOLPHE JOANNE

LOZÈRE

Les chiffres indiquent la hauteur en mètres au dessus du niveau de la mer

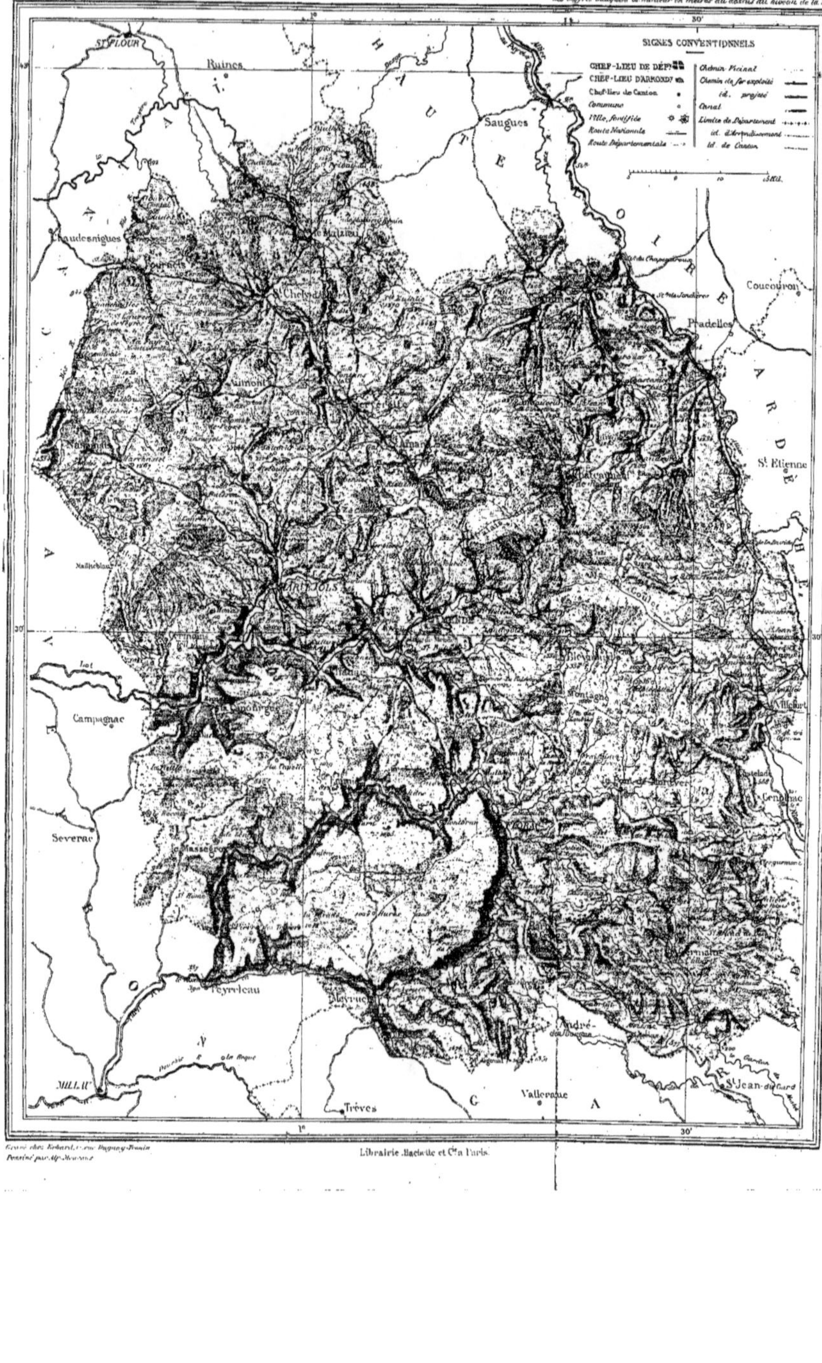

Gravé chez Erhard
Dessiné par

Librairie Hachette et Cie Paris

Toutes les Géographies de la collection sont en vente

IMPRIMERIE A. LAHURE, RUE DE FLEURUS, 9, A PARIS.

www.ingramcontent.com/pod-product-compliance
Lightning Source LLC
LaVergne TN
LVHW051507090426
835512LV00010B/2400